中华美好山川

青城山

董英芝 ⊙ 编著

吉林出版集团股份有限公司

前　　言

　　智者乐水，仁者乐山，中国山水雄奇伟丽，千姿百态，独具特色，与数千年文明相融合，积淀孕育了辉煌灿烂的山水文化。山山水水引发了无数的文化现象，成为中国文化的重要组成部分，也成为全人类的重要自然文化遗产。

　　山水文化的形成经历了漫长的历史过程，随着时代的进步，也在不断注入新的文明。山水首先是一种审美的文化，是最具美学价值的自然景观，给人以精神的愉悦和陶冶。《庄子》中说："天地有大美而不言，……原天地之美而达万物之理。"这正是人与自然之间的亲善而又和谐的关系的体现。人与山水之间审美关系的建立和发展，本质上是人类文明发展的表征，而我们对山水的自觉审美追求始于魏晋，当时人们崇尚自然，走向山林江湖，这种"体道"的直接结果是促进了山水文学和山水画的蓬勃发展，正如王国维所说："古今之大文学，无不以自然胜。"

　　中国人崇尚自然，喜欢山水，人们以大自然的山水为对象，创造了丰富多彩的山水文化。元人汤垕有云："山水之为物，禀造化之秀，阴阳晦冥，晴雨寒暑，朝昏昼夜，随形改步，无穷之趣。"正是对山水的无限热爱，中华民族才有了这极其可贵的文化贡献。左思说："非必丝与竹，山水有清音。"这种对山水清音的审美感受向来不只左思有，多数人亦有。中华大地，无山不美，无水不秀；"取欢仁智乐，寄畅山水阴"，庄子云："山林与！皋壤与！使我欣欣然而乐与！"这是中国人的山水观，更是一种山水情怀。

　　中国人喜爱山水，也与原始宗教文化有莫大关系。《韩诗外传》有云："山者，万物之所瞻仰也，草木生焉，万物殖焉，飞鸟集焉，走兽休焉，吐万物而不私焉。"《抱朴子·登涉》更直接说："山无大小，皆有神灵。山大则神大，山小则神小也。"古代"天子祭天地，祭四方，祭山川，祭五祀，岁遍；诸侯方祀，祭山川，祭五祀，岁遍；大夫祭五祀，岁遍；土祭其先"。对山川之神的祭祀膜拜，直接促使人们崇拜与敬畏山川，再加上我们是一个以农耕为主的民族，这使我们对山川更加依赖，与山川的关系更加紧密，这也成为我们文化的发端。

中国的文化特别是山水文化受道教哲学思想的影响较深。中国人制定礼仪规则，但又崇尚自然，老子的"人法地，地法天，天法道，道法自然"的哲学思想深受人们认同，山水文学和山水画最能直接体现这一哲学思想的影响之大。管子认为水是万物之本源，老子则说，上善若水，水善利万物而不争，处众人之所需，故几于道。这自然而然地注定中国山水文化发轫于斯。

佛教对山水文化的影响也不可小觑，天下名山僧占多，佛教对自然山水的开发和建设起了不可忽视的作用。众多的佛教名山荟萃了历代文物的精华，建筑、雕塑、书法、绘画等多有杰作存世。中国山水文化保留了历史的足迹，自古就有"读万卷书，行万里路"之说，把游历与读书相提并论，中国文化渊薮可见一斑。

中国天人合一的主体思想，以人为本，重视人与自然山水的和谐与协调。保护自然，与自然和谐共进是我们所追求的理想目标。人们涌向山川胜地体验自然是件好事，但不可使自然环境的承载能力超出其自身的净化能力，否则，许多名山大川的自然环境和人文环境就要遭受破坏，这些是人们所不愿看到的。为更好地弘扬祖国的山川文化，重视和保护祖国的美好山川，我们选择三山五岳、道教四大名山、佛教四大名山，以及黄河、长江两条母亲河共十八个山川文化遗存呈献给读者，以表达我们对祖国山川的无限敬爱。与此同时，我们也更祈盼它们能得到应有的关心和保护。

编者

2013年1月7日

目录

名称由来

　　道教名山青城山位于成都平原西北部边缘都江堰风景区内，与都江堰的距离仅为10千米，此地到成都的距离也不过68千米。

　　青城山素有"青城天下幽"之美誉。而其名称的由来则与其连绵而立的36座山峰的排列形态相关。这里终年都是一副青烟缭绕的景象，故而得名青城。当然作为道教名山，此地的得名自然少不了神话的色彩。

　　据说青城山本名"清城山"，而这个名称又与古代神话中的"清都、紫薇、天帝所居"等事物有着某些内在的联系，因而到后来道教创始人东汉的张陵在创建天师道时便以清城山为根据地。张天师的创教初衷"清虚自持，返璞归真"用清城山的环境来烘托自然是最好不过的了。到后来，清城山上还发生了佛道两

青城山

教的地盘之争，此事风波甚大，后来甚至闹到了唐玄宗那里，还是唐玄宗亲自下诏书将此山划入了道家的地盘，此事算有了一个公断。在唐玄宗的诏书中，"清城山"被写为了"青城山"，于是，青城山的名称得以保留并延续至今。

道教

道教是极具中国特色的一种土著宗教。道教与先秦诸子百家中的道家有一脉相连之处；道教将道家的道德经奉为经典，并以得道成仙和济世救人为主要宗旨。

张陵

他是中国东汉五斗米教创立者，字辅汉，被尊称为张道陵、张天师、正一真人等。张陵为沛国丰（今江苏丰县）人，生卒年不详，曾在四川鹤鸣山学道，时人传其爱造作符书，以惑百姓。据传其寿命达123岁。

都江堰

都江堰是四川省的一个古老城市，而令其扬名四海的原因就是其境内的都江堰水利工程。此工程的开凿者为秦国蜀郡太守李冰，都江堰水利工程竣工之后，一直是当地最为重要的灌溉设施，并起到了泽被后世的作用。

地理位置、形成和地质地貌

　　烟雾缭绕的青城山矗立在都江堰市西南15千米处。千里岷山是它的依托，前方的成都平原又在它脚下绵延开来。层峦叠嶂的风景自古以来就吸引了无数的文人墨客的眼光。青城山保护面积为1522公顷，有36峰，8大洞，72小洞，108景，最高海拔2434米，最低海拔726米。青城山是横断山脉的余脉，其形成原因是地质运动中两块地表互相作用，其中一块沉积到另一块的下面，上面的一块就自然地形成了突起的山脉。

　　横断山脉的存在为四川一带增添了不少的风景，也增添了无数的名山大川，邛崃山脉便是横断山脉最东缘的山系，而青城山就是邛崃山脉南段的一座向东分布的余峰。青城山的地质构造明显地带有横断山脉的地质构造断裂破碎的余味。复杂的地质环境造成了此地奇峰叠嶂、幽谷连绵的景色。山水之间隐含了很多出人意料的古洞苍岩。

岷山

　　因毛泽东的"更喜岷山千里雪"而传扬海内的岷山位于四川省北部，属西北—东南走向的山脉，南北绵延700多千米，故有"千里岷山"之称。

青城山

横断山脉

作为世界上最年轻的山系之一的横断山脉是中国最长、最宽的南北向山系，它在地理上交汇了印度洋和太平洋水系。横断山脉是青藏高原、四川盆地以及云贵高原三大地貌的交汇地带，因"横断"东西间交通而得名。

成都平原

成都平原有广义和狭义之分。广义的成都平原包括北部的涪江冲积平原，中部的岷江、沱江冲积平原以及南部的大渡河冲积平原等三大块。而狭义的成都平原仅指岷江、沱江冲积平原，面积达8000平方千米。

气候条件与生态环境

青城山

　　青城山所处的地理位置是典型的亚热带盆地湿润气候，其典型的气候特征是夏无酷暑，冬少严寒，雨量多，湿度大，常被云雾笼罩，满山林木葱茏，四季青翠。湿润的环境滋润着山上品类繁多的花草树木，且有很多的观果以及观叶植物分布于此。因植物茂密故此地的野生药材的分布更是多而广泛，实为中药材之宝库。

　　青城山一带又是全世界亚热带山地生物多样性保护最完整的地区。横断山脉一带的高山峡谷区内生长着多种多样的野生生物，这是全世界最为重要的一处生物多样性区域。四川盆地向青藏高原的过渡带，从几百米的海拔逐渐上升到几千米的海拔高度向我们展示了一个相当复杂的地质构造。山中常可见的是稀奇的鸟类和哺乳类动物。而那句最为经典的"一山有四季，十里不同天"则是对于此处气候的最好概括。

亚热带气候

亚热带气候是世界气候类型的一种，其典型特征是最冷月均温在零摄氏度以上。夏季时，亚热带与热带的气温相差不大，但是冬季时，亚热带的气温明显比热带冷。

海拔

海拔是一个地理学词汇，指地面上某个点与海平面的垂直距离，是海拔高度的简称。海拔高度的参考基点是一个公认的海平面，这个海平面相当于标尺中的0刻度。

生物多样性

生物多样性是一种物种和环境之间的关系，指一定范围内多种多样活的有机体(动物、植物、微生物)有规律地结合所构成稳定的生态综合体。这种多样性既包括动物、植物、微生物的物种多样性，又包括物种的遗传与变异的多样性及生态系统的多样性。

金 鞭 岩

　　金鞭岩是位于青城三十六峰天仓之阴的一处奇景。金鞭岩与附近的神仙岩、鸡公岩、甑子岩一脉相连，诸山连缀且高差达两三百米，后人统称为"金鞭岩"。天仓第十三峰的半岩之间有一个凹形洞窟，深涧数米，洞口有三条石棱。天气晴朗时，阳光照射到三条石棱上，两竖一横的三条光柱泛着金光。金鞭岩的来历与财神赵公明有很大关系，相传此地为武财神藏金鞭之所。高下错迭的金鞭岩，层峦叠嶂，有着典型的丹霞地貌。金鞭岩雄峻、峭拔之处丝毫不逊于华山和泰山，实为青城雄奇险奥之灵区。仰望金鞭岩，那绝壁千丈，连峰十里，苍藤老树，直入青暝的壮观景观，堪称是天造地设的人间画屏。

赵公明

　　武财神赵公明本名朗，字公明。民间认为赵公明掌管着四名与财富有关的小神，分别是招宝、纳珍、招财和利市，因而成为财神。

丹霞地貌

　　丹霞地貌的发现者是矿床学家冯景兰，最早发现地点是广东的仁化县。丹霞地貌是指由陆相红色砂砾岩构成的具有陡峭坡面的各种地貌形态。

华山

华山古称"西岳"，是"五岳"名山之一，是由一块完整硕大的花岗岩体构成的，主峰有南峰"落雁"、东峰"朝阳"、西峰"莲花"，三峰鼎峙，人称"天外三峰"。

财神赵公明

金鞭岩

15

石　笋　峰

龙虎山景观

石笋峰，顾名思义，就是长得像石笋一样的山峰。有人说，到过青城山，没见过石笋峰，是人生的一大憾事，此话毫不夸张。青城山的石笋峰纳石笋之历史千秋，容石笋之人间百态。美而浓的树把山峰遮起来，使石笋峰显得含蓄而有风度。其他地方的石笋峰虽然也有自己的风格，但与青城山的石笋峰比起来，正像是"黄酒之于白干，稀饭之于馍馍，鲈鱼之于大蟹，黄犬之于骆驼"。

青城山的石笋峰集娇媚与多姿于一身。天朗气清时，青城山如佳人之眉黛，而石笋峰恰如眉梢的一点痣，为佳人的眉宇之间平添几分丽质，清新而又自然。淫雨霏霏的日子，石笋峰含烟带雨，似水仙花不胜凉风的娇羞，又似佳人梨花带雨的娇容。但到黄昏时分，石笋峰更像一朵似开非开的花苞，于若隐若现中尽展

娇颜媚态，于虚无缥缈中尽显妙曼身姿。

石笋峰点破了青城山的寂寞，是青城山幽静的底色上一点灵动的色彩，是青城山的一点调皮，一点可爱，更是青城山的一点生气，一点情调。

钟乳石

钟乳石，是指在碳酸盐岩地区洞穴内，经过漫长地质历史演变和特定地质条件，形成的石钟乳、石笋、石柱等不同形态碳酸钙沉淀物的总称。钟乳石的地质考古价值非常大。

石笋峰

石笋峰在中国的分布很广，除了青城山的石笋峰之外，著名的石笋峰还有贵州正安县石笋峰和四川剑阁县石笋峰。

碳酸盐

碳酸盐包括正盐和酸式盐两类。自然界存在的碳酸盐矿有方解石、文石（霰石）、菱镁矿、白云石、菱铁矿、菱锰矿、菱锌矿、白铅矿、碳酸锶矿和毒重石等。

水晶溶洞

　　水晶溶洞，又名"三龙水晶溶洞"，位于青城后山"三洞水"山沟的半岩间，距泰安寺仅1.5千米。它生长于1千万～3千万年前，在极其特殊的地质条件下，形成了璀璨无比的砾岩钙华溶洞。洞内有河，共分上中下三层，奇丽多姿，实属罕见。1993年5月中国旅游报社社长李先辉先生游此洞后，题词"青城添新景，洞中小三峡。山水加溶洞，何让四十佳"。

　　水晶溶洞共分三层，设计者为使游人既观洞景，又观山泉，特地在溶洞暗河上铺设钢笆作路。在五彩灯光的辉耀下，石笋、石幔、石花映照在水中，更显出这梦幻世界的迷人色彩，让人们展开自己想象的翅膀，作出各式各样的审美品评。那长约50米的龙王水晶宫内，有章鱼迎宾，有鲤鱼跳龙门，有支撑龙宫的玉柱，有龙王妃子的玉床，有环珮袅然的仙女等，真是令人目不暇接。

　　这座规模巨大，曲折迷离的三龙水晶溶洞，蕴藏着极其丰富的旅游资源，在成都平原乃至在全国都有其特殊的魅力。

溶洞

　　溶洞，是石灰岩地区地下水长期溶蚀的结果。石灰岩层各部分含石灰质多少不同，被侵蚀的程度不同，逐渐被溶解分割成互不相依、千姿百态、陡峭秀丽的山峰和奇异景观的溶洞。

溶
洞

成都平原

　　成都平原，又称盆西平原或川西平原，位于四川
盆地中西部。它是由岷江、沱江冲积而成的平原，面
积为8000平方千米，是构成盆西平原的主体部分。

砾岩

　　砾岩是指颗粒直径大于2毫米的圆形、次圆形砾石
经胶结而形成的沉积碎屑岩，可做混凝土骨料，有些
砾岩中还含有金、铂及金刚石等矿产。

五 龙 沟

　　五龙沟，位于青城后山，古称蛮河。清代《灌县乡土志》称其为瞒河，源出熊耳山刘家大槽，下纳板厂沟、花碑沟，在蛮河口汇入味江，全长8千米。因传说古时有五条神龙，隐于沟中而得名。溯沟而上，峰峦叠嶂，岩耸谷深。苍峰壑间，有神秘莫测的金娃娃沱，景色绝佳的龙隐峡栈道，韵味无穷的石笋岩、回音壁，以及蔚为壮观的五龙抢宝、白龙吐水、水映彩虹等景观，还有古韵十足的桃园别洞又一村和桃花溪公园。五龙沟里，杜鹃、山茶、山桂、野菊等点缀其间，如神奇壮丽的仙山佳境。诗人谢无量有诗云"济胜登山亦要才，出门十步便疑猜。"在栈道上行走，五步一停，十步一叹，或飞瀑当面，或古木横道。栈道也时而凌居涯空，时而低伏溪面，大都是"之"字状，自然造化，人

熊耳山

工神奇，令人拍案叫绝。游山览胜，虽不必沉溺于"行到水穷处，坐看云起时"，"山无水不灵，山无云不逸"这种脱落尘俗的超然境地，却不妨陶醉流连于大自然赐与的胜地，与清溪、飞鸟、石壁、古树为伴，品味其生机勃然又和谐无言的生命底蕴。

石笋

石笋，是指在溶洞中直立在洞底的尖锥体。一方面由于水分蒸发，另一方面由于在洞穴里有时温度较高，所以，钙质析出，沉积在洞底，日积月累就会生长，自下向上生长的是石笋，从上往下生长的是钟乳石。

古韵

古韵指以《诗经》为主的先秦两汉韵文的韵。传统音韵学关于古韵的研究，主要成就在于古韵分部。所利用的材料，主要是《诗经》韵字和《说文解字》的谐声偏旁。

回音壁

回音壁有回音的效果。如果一个人站在东配殿的墙下面朝北墙轻声说话，而另一个人站在西配殿的墙下面朝北墙轻声说话，两个人把耳朵靠近墙，即可清楚地听见远在另一端的对方的声音，而且说话的声音回音悠长。

五龙沟

双泉水帘

双泉水帘，位于青城后山的飞泉沟内，是一组神奇的自然景观。沿着飞泉沟而上，景致迷人，其中属"幽谷飞泉"、"百丈长桥"、"双泉水帘"三景尤绝。"幽谷飞泉"由观音岩瀑布、闭月潭、落雁潭组成；"百丈长桥"为悬崖上的栈道，满挂古树苍藤；"双泉水帘"则似花果山水帘洞，在亭上还有一副对联，写道："双声泉落洞，长啸我开襟。"

青城山的景致最讲究的是一个自然，随意参差散列无需雕饰，即便有一点人工，也尽量淡化了斧凿的痕迹。双泉水帘由天桥、梳妆池及瀑布、水帘洞等风韵天成的小景组成，双泉为两道飞泉在合流处形成的前后双瀑。前瀑来自梳妆池水，在岩洞顶散开，如一幅珍珠串缀起来的银帘，挂在岩前，遮住洞口；后瀑为飞泉沟正流，似一条凌空飞啸的银龙，飞下数十米深的岩洞中。洞内雪浪翻涌，钟乳遍布，奇绝瑰丽。洞岩上有古廊桥和木拱桥，通称天桥，俯瞰沟底，烟雨溟蒙，山树飘摇，听惊涛响于幽壑，恍如置身云天。

岩洞

岩洞又称溶洞或洞穴。岩洞是由于天然水流经可溶性岩石（如石灰岩、白云岩等）与它们发生化学反应而使岩石溶解所形成的地下空间。

珍珠

珍珠是一种古老的有机宝石，产在珍珠贝类和珠母贝类软体动物体内，由于内分泌作用而生成的含碳酸钙的矿物珠粒，是由大量微小的文石晶体集合而成的。

水帘洞

中国水帘洞大致有：桐柏山水帘洞、连云港花果山水帘洞、武山县水帘洞、武夷山水帘洞、衡阳县水帘洞、靖西县湖润镇水帘洞、贵州镇宁布依族苗族自治县水帘洞、山西花果山水帘洞等。

水帘洞

双泉水帘

白 云 洞

白云洞奇观

　　白云洞在鍪华山与熊耳山相连的半山腰，有一弯月形山梁，海拔1700多米。悬岩峭壁中，散布着大大小小上百个天然洞穴。相传唐代白云禅师在此隐居修炼成佛，通称"白云洞"。群洞分为三层，层层有洞，高低错落，迂回曲折，从北至南，绵延约2.5千米。

　　青城白云洞，古为佛教徒精修之地，历代名僧辈出，在中国佛教历史上有着重要的地位。新中国成立以前，黄龙寺高道王翰阳也曾在此依洞为屋，练功修道。近年来，白云洞佛教道场又重展新姿，开辟了"通天洞"、"九僧洞"、"地藏洞"、"大悲殿"等洞，并在原"白云庵"遗址上重建了白云寺。游览白云群

洞，多穿行于悬崖陡壁、古木丛竹之间，一路鸟语泉声，不绝于耳，晨曦夕照，朝云暮雨，气象万千。唐代著名诗人贾岛有诗："遍参尊宿游方久，名岳奇峰问此公；五月半间看瀑布，青城山里白云中。"白云群洞那千姿百态的奇岩，幽深神妙的洞穴，栩栩如生的佛像，碧绿的清泉和悠悠的白云，令人神往。

黄龙寺

黄龙寺，位于阿坝藏族、羌族自治州松潘县境内。据称夏禹治水至茂州，黄龙为其负舟导江，后人因而立庙祭祀，故称黄龙寺。

贾岛

贾岛，字浪仙，唐代诗人，早年出家为僧，号无本，自号"碣石山人"。其诗精于雕琢，喜写荒凉、枯寂之境，多凄苦情味，自谓"两句三年得，一吟双泪流"。

九僧

九僧，是中国宋代初期诗僧希昼、保暹、文兆、行肇、简长、惟凤、宇昭、怀古、惠崇等九人的并称。他们的作品多写隐逸闲趣及林下生活，风格清奇雅静。

月　城　湖

　　月城湖位于青城丈人峰和青龙岗之间的鬼城山旁，鬼城山又名月城山，湖因山而得名。源出青城第一峰的清溪水，在这里汇成水面30 000平方米的山间小湖。相传为轩辕黄帝之师、蜀中八仙之首的岷山真人鬼谷隐居处，又传五代孟蜀时，仙人刘海蟾亦在此修炼。月城湖周，青山环卫，画意盎然，碧绿湖水，宛如明镜，四周山谷，倒映水中，朝晖夕阴，云蒸霞披，山姿水色，令人沉醉。堤上有长廊，让人观景歇憩，品茗怡乐；湖中有游船，供游人逍遥畅游。月城湖使游人得山水之悠闲，忘却尘世之喧嚣，实为青城前山的著名景点。

轩辕

　　轩辕，中国远古时期部落联盟首领，因首先统一中华民族的伟绩而载入史册，由于土是黄色的，所以称为黄帝，为中华民族的始祖。

蜀之八仙

　　蜀之八仙，即容成公、李耳、董仲舒、张道陵、庄君平、李八百、范长生、尔朱先生等八人，道教传说他们均在蜀中得道成仙。

湖水面

刘海蟾

刘海蟾，姓刘，名操，字宗成，又字昭元，号海蟾子，生卒年未详，被道教全真道尊为五祖之一。元世祖封他为"明悟弘道真君"，元武宗加封为"明悟弘道纯佑帝君"。

朝 阳 洞

　　朝阳洞位于主峰老霄顶岩脚，洞口正对东方，可容百人，传为宁封丈人栖息处。朝阳洞是喀斯特地貌，分为大小二洞，相距5米，大者洞深24.2米，宽32.13米，高4.36米；小者洞深5.3米，宽11米，高3.2米。此洞天然生成，洞前沿壁上有"三丰旧居"石刻，相传张三丰在这里修炼成仙，有许多张三丰的故事传说。这里苍岩壁立，乌道盘迁，老树枯藤，奇峰怪石，常没于山岚雾障之中，唯洞口豁然开朗，每逢晴天，旭日东升时，岩壁金光灿烂，俯视平原，田园村舍历历在目。

　　朝阳洞何时建的，史无记载。清光绪年间，四川成都知府

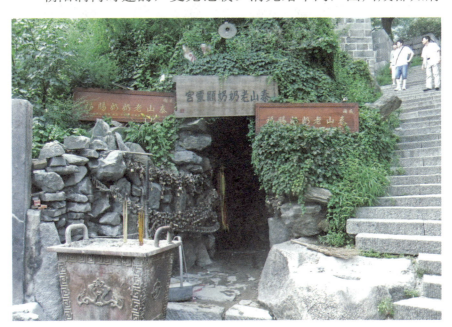

朝阳洞

黄云鹤，为乐其幽胜。常来结茅小住，留下有："雨夜空山枕石眠，晓来骋眼盼遇天。平林日射青如黛，大野云铺白似棉"的赞美诗句。近代画家徐悲鸿也曾在此撰联："空洞亲迎光照耀，苍崖时有凤来仪"。

徐悲鸿

徐悲鸿，汉族，江苏宜兴人，生于中国江苏宜兴屺亭桥。中国现代美术事业的奠基者，杰出的画家和美术教育家，尤以画马享名于世。

张三丰

张三丰，本名通，字君宝，元季儒者、道士，自称张天师后裔，为武当派开山祖师。明英宗赐号"通微显化真人"；明宪宗特封号为"韬光尚志真仙"；明世宗赠封他为"清虚元妙真君"。

喀斯特地貌

喀斯特地貌，"喀斯特"一词即为岩溶地貌的代称。中国是世界上对喀斯特地貌现象记述和研究最早的国家，早在晋代即有记载，尤以明徐霞客所著的《徐霞客游记》记述最为详尽。

神 仙 洞

神仙洞仙气浓郁、林深幽暗。洞口的浴仙岩处，一字排开48个石潭，水清宜人，传说青城神仙常在此沐浴。有诗将其描述为"茂林幽暗见奇景，苔滑清池迎远宾。不见贵妃皇帝伴，常来仙子玉波陈。气香浓郁出山洞，梦幻痴迷醉客人。蝙蝠清泉宽窄路，神居之地也艰辛。"

天台寺

中国天台寺主要有：安徽九华山天台寺、湖北黄冈市红安天台寺、河北藁城市天台寺、陕西汉中市天台寺、辽宁喀左县龙凤山天台寺、重庆长寿区天台寺。

古墓

古墓是指一百年前已经死亡的人的坟墓，一般是指具有代表性和研究价值的坟墓。

神仙

神仙在神话中指能力非凡、超脱尘世、长生不老的人物。道家的神仙指人所能达到的至高神界的人物。神仙常比喻能预料或看透事情的人；又比喻逍遥自在、无牵无挂的人。

神仙洞

神仙洞

圣　母　洞

　　圣母洞位于卦口山山腰，传为东汉时道教创始人张陵妻孙氏夫人修炼的洞府，当地还有孙氏夫人在此计杀味江恶龙为民除害，百姓尊称她为青城圣母的传说，洞因此而得名。也有传圣母洞为"九天玄女"修炼的洞府。晚唐杜光庭《青城山记》称此洞为"青城八大洞"，名为"圣母洞"。

　　圣母洞深藏于古木参天的密林中，为天然沙页岩溶洞。主洞长300余米，支岔洞总长1000余米，曲折迂回，缓慢向上延伸。洞内冬暖夏凉，钟乳石山遍布，奇岩怪石丛生，清泉潺潺，碧潭粼粼。

　　洞内依次有：龙潭、圣母卧像、仙鹰池、圣泉缸、仙乐泉（叮咚泉）、龙门、圣母梳妆、钟乳厅、百兽园等景观。彩灯闪烁，神幻奇异，游人乐在其中。洞里有三尊圣母像：圣母卧像为天然石山形成，长约10米，似像非像，侧卧于龙潭边，双目微

圣母宫

闭，媚而不俗，耐人寻味；圣母梳妆像由钟乳石山经粗加工形成，亦似像非像，细看如苗条少女侧身俯伏于池边，右肘掌地，左手抚着刚拖出水面的长长秀发，令人爱慕不已；钟乳大厅的高台上是一尊圣母坐像，原有的圣母石像早已毁坏，新建的圣母坐像青烟缥缈，令人肃然起敬，凡念顿消。圣母的右掌竖立胸前，其指间射出一串珍珠般的清泉，若呷一口圣母"恩泽"的甘露，定能凉透肺腑，甘人心田，心旷神怡。

九天玄女

九天玄女，或称玄女，俗称九天娘娘、九天玄女娘娘，原为中国古代神话中的女神，后经道教增饰奉为女仙。

杜光庭

杜光庭，唐末五代道士，道教学者，字圣宾(又作宾圣)，号东瀛子，处州缙云(今属浙江)人，著有《道德真经广圣义》、《青城山记》、《武夷山记》等。

五斗米教

五斗米教，是道教早期的重要流派，是张陵于东汉顺帝时在四川鹤鸣山创立。五斗米教规定道徒的基本义务是奉守道戒，处世原则是清静无为。

圣母洞

三潭雾泉

三潭雾泉，位于青城后山五龙沟中游。这里被誉为青城后山绝佳美景，以深不见底、潭水碧绿的"金娃娃沱"为中心，四周有龙宝亭、龙宝岩、回音壁、涌泉洞，以及白龙过江、五龙吐水等奇妙景观。三潭由飞瀑的上、中、下三级幽潭组成，冲泻成3个落差为40余米的银瀑，从涌泉洞崖顶悠悠晃晃，泻入上潭。瀑布的下半截高高飘起，碎成粒粒玉珠，向四方喷散。在阳光照射下，幻出道道彩虹。第二潭水深数米，潭面约30平方米，色泽碧蓝。水雾中，阳光透过树丛，射入潭面，照见水中的五色彩石，金光闪耀，远看似金童嬉水，当地人喜爱地叫它"金娃娃沱"，并留下了许多优美的传说。三道飞泉，狂啸而下，气势磅礴，蔚为壮观，大有蛟龙出世，银河落天的气势。雾泉在三潭上百米处，岩壁下有洞穴，泉流从洞中喷涌而出，水雾弥漫，流入三潭。雾泉上行百米，有岩壁为"回音壁"。

金童玉女

金童玉女，是指供仙人役使的童男童女。按道教的说法，凡神仙所居洞天福地，皆有金童玉女伺候。道教的玉皇大殿、三清殿等神殿中神像的旁侧，常塑有金童玉女像。

潭水碧绿

涌泉洞

涌泉洞，是天然断层裂隙产生崩塌而形成的溶洞，因洞内有清泉涌出，经流全洞，终年不竭，故而得名。

金娃娃

金娃娃，别名绿河豚、绿娃娃、深水炸弹、木瓜鱼、潜水艇，属于海水鱼，是海江洄游性的温水性底栖鱼类，常在淡水出现。

三潭雾泉

青城山圣灯

　　圣灯，又称佛灯。圣灯为青城山三大自然奇观之一。青城山前山的上清宫是观赏"圣灯"的最佳地点。

　　逢雨后天晴，当夜幕降临，上清宫附近的圣灯亭内能见山中点点光亮，闪烁小范围的漂浮飞翔，少的时候有三五盏，忽明忽暗，多时能达到成百上千盏，看起来上清宫前的山谷就像点点汇聚成的红色星海。

佛灯

　　青城山最特殊的自然景观"圣灯"，忽生忽灭又或灿若星汉，有时候一亮能有个把钟头，传说是"神仙都会"青城山的神仙们朝贺张天师时点亮的灯笼，当然这说法是传说。实际就是青城山山中千百年来死去的动物骨骼中，或含磷地层释放出来的磷质磷氢化物在空气中的自燃景观，需要好的天气和温度配合。

自然现象

自然现象指自然界中由于大自然的运作规律自发形成的某种现象，一般不受人为主观能动性因素影响，如月有阴晴圆缺，四季变化，气候的冷暖，刮风下雨，白天黑夜等。

地层

地层是指在地壳发展过程中形成的各种成层和非成层岩石的总称。从岩性上讲，地层包括各种沉积岩、火山岩和变质岩；从时代上讲，地层有老有新，具有时间的概念。

骨骼

骨骼是组成脊椎动物内骨骼的坚硬器官，有运动、支持和保护身体，制造红细胞和白细胞，以及储藏矿物质的功能。

青城山圣灯

翠 月 湖

翠月湖位于青城山山麓的岷江河畔，依山傍水，翠林环绕，空气清新。翠月湖气候宜人，仿佛一颗碧绿的钻石嵌在成都至九寨沟黄金旅游线上。当微风轻拂时，湖面碧波荡漾，绿柳、红树都投影进了这明镜般的胸怀，令人心旷神怡，美不胜收。除了美丽的景色，这里长年居栖着成群的白鹭鸟，白天在湖面觅食戏水，晚上在森林中依偎而歇，是川西地区少见的自然景观。

相传蜀郡太守李冰父子组织修建都江堰水利工程后，岷江外江下游不远的地方便形成了一片美丽的湖泊，湖边景色优美，草树丛生，居栖着成群的白鹭和梅花鹿。蜀郡守李冰的后代中有一位叫翠月的姑娘经常顺江而下，来这里赏景观鸟，戏水沐浴，久而久之这片湖水便被人们称为翠月湖。2000多年过去了，或许那湖边的梅花鹿已随翠月去了天涯海角，唯有白鹭在这里代代繁衍，恪守着这一神奇的传说。绿色、生命与自然滋润出中华气功之源，一些气功师曾来此地采气试功效果颇佳，翠月湖是一个休养生息的好去处。

李冰

李冰，战国时代著名的水利工程专家。他在岷江流域兴办许多水利工程，其中以他和其子一同主持修建的都江堰水利工程最为著名。后世为纪念李冰父子，在都江堰修建了二王庙。

都江堰水利工程

都江堰水利工程位于四川成都平原西部都江堰市西侧的岷江上，建于公元前256年，是战国时期秦国蜀郡太守李冰率众修建的一座大型水利工程，是现存的最古老而且依旧在灌溉田畴，造福人民的伟大水利工程。

九寨沟

九寨沟位于四川省阿坝藏族羌族自治州九寨沟县漳扎镇，是白水沟上游白河的支沟，以有九个藏族村寨（又称何药九寨）而得名，有"童话世界"之誉。

九寨沟 翠月湖

味江陵园

　　在幽甲天下的道教圣地、号称天下第五名山的青城山，有块被称为"虎踞龙盘，金鞭护佑"的宝地——青城山味江陵园。清澈甘甜的味江宛如玉带缠腰，从陵园前绕过。陵园正对青城山著名景观"金鞭岩"，吸天地灵气，集历史之渊源，正是藏风得水的好地方，天下美景，宜与世人共享。味江陵园的经营理念和价值取向，正如味江的来历一样，以仁义为本，以爱心为上。传说古时候一位将军带领十万大军西征，得胜归来时，皇帝将御赐的美酒送到军前，将军不愿独享美酒，就将御酒倾入清澈的江水中，令十万将士去而饮之，欢呼震动山谷，味江从此美名传扬。

　　味江，一条仁义之江、爱心之江。味江陵园"名人英烈园"，正是在仁义和爱心里诞生。历史不容遗忘，那些为人类的

龙盘虎踞

文明进程作出特殊贡献的名人志士，那些为共和国的缔造和富强奋斗不息的英雄烈士，他们的丰功伟绩不应在时光中暗淡，而理应定格在万世景仰的神圣殿堂。

陵园

陵园，属墓地的一种安葬形式，原则上讲是为了纪念在某事件中有着威望或有一定贡献人物而设的墓地。为纪念而建的纪念性墓园，有着一定历史阶段代表人物的墓群就是陵园。

臧克家

臧克家，汉族，山东潍坊市诸城人，曾用名臧瑗望，笔名少全、何嘉，是诗人闻一多先生的高徒，被誉为"农民诗人"。

世界文化遗产

世界文化遗产属于世界遗产范畴，世界文化遗产全称为"世界文化和自然遗产"。它是由联合国教科文组织确认的具有科学、审美、文化价值的自然景观和人类历史遗存。

味江陵园

龙隐峡栈道

　　龙隐峡栈道，位于青城后山五龙沟中游，传为古时有味江龙隐入峡中而得名。栈道为古代西入金川驿道中必经之险道，古为木桩穿岩铺板，现为钢筋混凝土仿木重建，全长约600米，宛如隐身于峡中的长龙。石梯、石栈、悬桥，上下勾连，倚山曲折，或以巨石为柱，或以悬岩为依，架悬于飞瀑寒潭间。人行其上，溪光日影，蓝天一线；两壁岩石，青赭斑斓，怪乳垂璎，令人遐想生寒。峡谷中，断有寒泉凌空飞鸣，日出正午，水雾中随处可见彩虹飞舞，使人倍觉幽趣盎然。

瀑布

　　瀑布在地质学上叫跌水，即河水在流经断层、凹陷等地区时垂直地跌落。在河流的时段内，瀑布是一种暂时性的特征，它最终会消失。

岩石

　　岩石，是固态矿物或矿物的混合物。岩石有三态：固态、气态、液态，但主要是固态物质，是组成地壳的物质之一，是构成地球岩石圈的主要成分。

悬崖

悬崖是角度垂直或接近角度垂直的暴露岩石，是一种被侵蚀、风化的地形，常见于海岸、河岸、山区、断崖里，瀑布的支流常常流经。

瀑布

泰安古镇

四川省泰安古镇

　　泰安古镇，环抱于幽静的四川省都江堰市的青城后山之中，是青城后山的第一景点，每逢佳节便引来游人无数。据了解，有史以来，泰安古镇便为扼成都一带西入金川必经的驿道——"花坪老泽路"冲要的重镇。唐代为味江寨，宋代建置味江乡、味江镇，清代将古泰安寺改名为泰安镇。泰安古镇自古为茂汶、金川和山下成都郊县物资交流的中转重镇，商贾云集，市场繁荣。现在为游人游览青城后山，食宿、休闲、娱乐的集散地。泰安古镇并不特别出名和热闹。但它古朴雅洁，安宁祥和。走在洁净的小

街上，两旁是潺潺清流，蜿蜒流经每一条街道、每一户人家。小镇的尽头是古泰安寺，山门辉煌，庙宇金碧，钟声隐隐。宁静古朴的泰安古镇，味江河水，绕镇而过，街道为古老的木结构古式建筑，高低错落有致，古朴余韵犹存，不失古镇风采。

金川县

金川县，位于川西北高原，阿坝藏族羌族自治州西南部，地处青藏高原东部边缘，大渡河上游。全县共有藏、羌、回、汉等14个民族，是一个多民族聚居、以农业为主的高原山区县。

驿道

驿道，也被称为古驿道，中国古代陆地交通主通道，同时也是属于重要的军事设施之一，主要用于转输军用粮草物资、传递军令军情。

花坪老泽路

花坪老泽路，载于宋代《舆地纪胜》："长平山在味江之上，有泰安寺，寺门盖花坪（今沙坪）老泽路也。"

天然图画

　　天然图画，从建福宫拾级而上，经雨亭、天然阁、怡乐窝、引胜亭，便来到了天然图画坊。此间苍崖壁立，绿树交映，叠韵群峰，宛若画图。天然图画坊位于建福宫与天师洞之间的龙居山牌坊岗的山脊上，是一座十角重檐式的清代亭阁，海拔893米，两峰夹峙，雄伟的牌坊矗立于长长的石级之上，地势极为险峻。天然图画坊，建于清光绪年间，为重檐歇山式木穿斗建筑，面阔三间8.35米，进深2.8米，高6.3米。天然图画坊贵在天然，放眼望去，远处龙居、天仓、乾元诸峰堆绿叠翠，葱葱茏茏，近边白鹭戏水，云雀翻飞。卢光表在《游青城》一诗中这样写道："孤峰峻极插苍穹，出处惟余一径通，树色万重山四面，游人都在画图中。" 游人至此，可见亭阁矗立于绿荫浓翠之间，如置身画中。亭阁后面时常有丹鹤成群，唳于山间的驻鹤庄；右有横石卧于两山之间的悬崖，被称为"天仙桥"，传说是仙人聚会和游戏的地方。

重檐歇山顶

　　重檐歇山顶亦叫九脊殿，在等级上仅次于重檐庑殿顶。目前的古建筑中，天安门、太和门、保和殿等均为此种形式。

重檐庑殿顶

重檐庑殿顶，又叫五脊殿。重檐，即两层屋檐。这种顶式是清代所有殿顶中最高等级。现存的古建筑物中，如太和殿即此种殿顶。

光绪帝

光绪，清德宗，名爱新觉罗·载湉，清入关第九帝，在位34年，终年38岁，葬于崇陵（今河北省易县西25千米）。

光绪皇帝画像

天　师　洞

　　天师洞，　四川省著名宫观，全国道教重点宫观，青城山道教协会所在地，又称古常道观。在青城山腰第三混元顶崖间。初名延庆观，隋大业年间（605—618）始建，唐改称常道观。宋改名昭庆观，或称黄帝祠。天师洞传为张道陵修炼处。唐孙思邈，杜光庭相继来修道。现存建筑清康熙年间由住持陈清觉主持重建，1920年—1939年经彭椿仙改建而成。主要建筑有山门、青龙殿、白虎殿、三清大殿、古贡帝祠、三皇殿、天师洞府等，是青城山最大宫观。三清殿为主殿，一楼一底，楼上为无极殿，楼下殿内有须弥座彩塑三清造像，殿正中悬挂康熙皇帝手书"丹台碧洞"匾额。三皇殿内有伏羲、神农、轩辕三皇石刻造像各一尊，

天师洞

通高90厘米，唐朝开元十一年（723）刻。神座前立有"大唐开元神武皇帝揽书"碑，碑本四面刻文，正面刻"唐开元十二年（724）玄宗手诏"，碑阴刻益州长史张敬忠的上表，该碑记载了唐代佛、道之争：开元初飞赴寺僧夺常道观为寺，唐开元十二年（724）玄宗下诏观还道家。观内有一棵千年银杏，传为东汉张道陵植。天师洞内有石刻张天师像及清代续塑的30代天师张继先像。观周围有降魔石、掷笔槽等遗迹。大殿和唐碑在1980年被公布为第一批四川省文物保护单位。

张道陵

张道陵，字辅汉，是道教的创始人，被尊为第一代天师。故教徒尊其为"祖天师"，人们称其教为"天师道"。

孙思邈

孙思邈，唐朝人，著名的医师与道士，是中国乃至世界史上伟大的医学家和药物学家，被后人誉为"药王"，许多华人奉之为"医神"。

杜光庭

杜光庭，字宾圣，号东瀛子，我国著名的哲学家、思想家、道教集大成者。

天师洞

祖 师 殿

祖师殿，古名洞天观，位于天师洞右后侧山腰间，出天师洞过访宁桥即到，初建于晋，北宋时改名清都观，明末被毁损，清代重建，因供奉真武大帝和三丰祖师，故名真武宫，又叫祖师殿。古迹有唐代薛昌浴丹井、杜光庭读书台、唐睿宗的女儿玉真公主也曾在此修道，以求成仙。宋代张愈均在此隐居。附近有清代云松塔，以及抗日将军冯玉祥所建"闻胜亭"和碑记。1982年，祖师殿被定为全国道教重点宫观，1993年新建了灵宫殿及客房。祖师殿背靠轩辕峰，面对白云溪，环境十分清幽。殿内有真武祖师、吕洞宾、铁拐李等神仙塑像及八仙图壁画、诗文刻石等。殿右有小道，直登天仓三十六峰之轩皇顶，可俯瞰青城前后山风光。

李旦

李旦，唐睿宗，名旦，又名旭轮，文明元年、景云元年两次称帝，共在位8年，禅位于玄宗，称太上皇，居五年，崩，年五十五，葬于桥陵。

张愈

张愈，也叫张俞，生卒年不详，北宋文学家，字少愚，又字才叔，号白云先生，益州郫（今四川郫县）人。他是北宋著名的隐士，著有《白云集》，已佚。

祖师殿

冯玉祥

　　冯玉祥，原名冯基善，字焕章，原籍安徽巢县人，寄籍河北保定。民国时期著名军阀、军事家、爱国将领、著名民主人士。

上 清 宫

青城山上清宫

　　上清宫坐落在青城第一峰，始建于晋代，清代重建，民国初扩建，青城山重点宫观之一。现有老君殿、三清殿、道德经堂、文武殿和玉皇殿。宫门上有门楼，"上清宫"匾额为蒋介石1940年手书，联文为于右任撰书："于今百草承元化，自古名山育圣人。"老君殿供奉太上老君、纯阳祖师和三丰祖师。三清殿供奉三清神像和三清弟子十二金仙。道德堂有楠木板壁，上刻《道德经》全文。文武殿内祀文圣孔子和武圣关羽。玉皇殿供奉玉皇大帝。宫内有五代前蜀所凿的鸳鸯井、麻姑池。宫后有圣灯亭、东华殿，直上第一峰老君阁。宫左侧玉皇坪有前蜀王衍行宫遗址。

宫前右侧下有天师池、跑马坪、旗杆石、豹谷等古迹。

当代国画大师张大千，曾在此寓居四年多，作画千余幅，留下了麻姑、王母、三丰祖师、张天师、花蕊夫人等画像石刻。夜宿上清宫，可夜睹神灯，朝看日出，雨后观云海，冬春赏瑞雪，奇趣无穷。

太上老君

太上老君，即老子，姓李，名耳，字聃，又字伯阳，春秋时楚国苦县人。他主无为之说，后世以为道家始祖，著有《道德经》。

纯阳祖师

纯阳祖师，即吕洞宾，字洞宾，号纯阳子，著名的道教仙人，八仙之一，全真派北五祖之一，全真道祖师，钟、吕内丹派代表人物。

张大千

张大千，字季爰，号大千，别号大千居士，下里巴人，斋名大风堂。张大千是20世纪中国画坛最具传奇色彩的国画大师，特别在山水画方面卓有成就。

玉 清 宫

青城山玉清宫，道教宫观。玉清宫坐落在青城山丈人峰北坡，从圆明宫往西南上行数百米即到。玉清宫旧名天真观，建于明代，祀天皇真人，载于清乾隆《灌县志》，古庙被毁，由上下两殿组成。古迹有莲花石、天然泉等。宫后一径直通圆明宫，前可下木鱼山，此处天宇开阔，景色秀美，为当年张大千居山时画青城十景写生处。玉清宫环境幽静，在殿前平台上，视野开阔，可俯视山下百里平畴。

1938年成都慈善会在旧址上重建，取名玉清宫，有殿宇两重：上殿供奉吕祖、邱祖；中殿供奉祀宁封丈人和药王孙真人。传说孙思邈晚年曾居青城山，并在此完成著名的《千金要方》。抗战期间，陈铭枢将军曾来此游览，留下诗作："虎踞龙盘毒雾封，迢遥寄恨上高峰。蜀中子弟新仍锐，东下貔貅怒发冲。"宫左保坎下有"莲蕊石"（天然砾石，形如莲花）。殿内有于右任先生1946年所题"玉清道院"匾额和刘咸荥、方旭等人的题诗。

吕祖

吕祖，字洞宾，号纯阳子。由于道教全真道派奉吕岩为纯阳祖师，故世称吕祖。据一些史书文献记载，吕祖常自称是回道人，所以世人都称他为回仙。

孙真人

孙真人，即孙思邈。后世尊孙思邈为药王，唐京兆华原（今陕西耀县）孙家塬人，著有《备急千金要方》和《千金翼方》。

于右任

于右任，原名伯循，字诱人，尔后以"诱人"谐音"右任"为名，别署"骚心"、"髯翁"，晚年自号"太平老人"，是我国近代、现代著名政治家、教育家、书法家。

道教建筑物

玉清宫

建 福 宫

　　建福宫坐落在青城丈人峰下，位居前山山门左侧。宫观始建于晋代，原址在青城天国山中，唐开元十八年（公元730年），奉敕迁于今址。后经历代多次修复，现仅存两殿三院。宫观原名丈人观，南宋时朝廷赐名"会庆建福宫"，简称"建福宫"。宫内主祀青城主神宁封真人及杜光庭先生。今建福宫是清代光绪年间（公元1888年）重建，后又大规模扩建，现有大殿三重，分别供奉五岳丈人、太上老君、东华帝君、祀道教名人和诸神，殿内柱上的394字的对联，被赞为"青城一绝"。宫前有清溪和缘云阁，宫后有赤诚岩、乳泉、水心亭、梳妆台、林森洞等名胜古

青城山建福宫

迹。建福宫，古木葱茏，在云峰岚气怀抱中，环境十分青幽，是游览青城山的起点，不可不游的第一宫观。建福宫筑于峭壁之下，气度非凡。

东华帝君

　　东华帝君，姓倪，字君明，领导男仙，常与领导女仙的西王母并称。在东方主理阴阳之气，亦号"东王公"。他在仙界的地位十分崇高。

宁封子

　　宁封子，又称龙跷真人，为古代仙人。据《列仙传》载，他原为黄帝陶正。神人过其处，为其掌火，能出五色烟，久则以教封子，连掌其法。后授黄帝以《龙跷经》被封为五岳真人。

杜光庭

　　杜光庭，字圣宾，号东瀛子，缙云人。著有《道德真经广圣义》、《道门科范大全集》、《广成集》、《洞天福地岳渎名山记》、《青城山记》、《武夷山记》、《西湖古迹事实》等。

老 君 阁

老君阁

老君阁，雄踞于青城第一峰之巅，海拔1600多米。顶上古有呼应亭，取"登高一呼，众山皆应"之意，后改亭建阁，名"老君阁"。阁高33米，阁基宽400平方米，共6层，下方上圆，层有八角，象征天圆地方、太极八卦；外观呈塔形，尖顶，中堆三圆宝，寓天、地、人三才之意。阁内中空，庄严矗立太上老君骑青牛巨像。老君阁造像，以徐悲鸿当年在青城的遗作《紫气东来》（老子跨青牛出关图）为蓝本，经许多学者、艺术家和鉴赏家精研，并由青城山道友绘制、塑造而成。像高13.6米，连牛身通高16米；阁外露天台封基，用石材依势而建，海漫栏槛，曲折迁回，盘旋而上至阁顶。

老君阁建筑群包括东华殿等处。老君阁于1992年秋兴建，历时3年竣工。

老子

老子，又称老聃，原名李耳，字伯阳，是我国古代伟大的哲学家和思想家、道家学派创始人。在道教中老子被尊为道祖，著有《道德经》，又称《老子》。

太极

太极是中国思想史上的重要概念，初见于《易传》："易有太极，是生两仪。两仪生四象，四象生八卦。"太极与八卦有着非常密切的联系。

八卦

八卦是我国古代的一套有象征意义的符号。用"—"代表阳，用"——"代表阴，用三个这样的符号，组成八种形式，叫做八卦。每一卦形代表一定的事物。

圆 明 宫

　　圆明宫，坐落在青城丈人山北木鱼山的缓坡谷地，始建于明代万历年间，因供奉圆明道母天尊而得名。宫内有四重殿堂：前为灵祖殿，供奉灵官神像；二殿为老君殿，供奉太上老君；三殿为斗姆殿，斗姆即圆明道母天尊，为北斗众星之母；后殿为三官殿，供奉天、地、水三官大帝，及全真道的吕祖、邱祖和重阳祖师。殿堂之间，各有庭院，宫内宫外，瑞草奇花，楠木成林，松竹繁茂，有即景联云："栽竹栽松，竹隐凤凰松隐鹤；培山培水，山藏虎豹水藏龙。"环境十分宜人。

北斗星

　　北斗星，又称北斗、北极星等，属大熊星座，是指在北天有排列成斗（杓）形的七颗亮星，即天枢、天璇、天玑、天权、玉衡、开阳和摇光。我们常称它们为北斗七星。

三官大帝

　　三官大帝，即天官、地官、水官，亦称"三官"，又称"三元"，为道教较早供祀的神灵。

青城山圆明宫

王重阳

王重阳是中国道教分支全真道的始创人，后被尊为道教的北五祖之一。他有七位出名的弟子，在道教历史上称为北七真。王重阳融合儒家和道、释的思想，主张三教合一。

泰 安 寺

泰安寺

泰安寺，坐落在青城后山泰安古镇，是青城山现存佛教寺庙中最悠久的。古籍载："唐代初建，逮明复振；楼殿壮丽，甲于青城。"自唐宋以来，一直为佛门弟子向往的圣地，并为佛教的讲习之所。经各代修葺和重建，现有大雄宝殿、天王殿、大悲殿及僧舍斋房等建筑。寺内现存清代古碑三通，山门"古泰安寺"为前中国佛协会长赵朴初手书镌刻。寺外有明代著名高僧鉴随禅师灵塔，寺周有古红豆树、银杏树及松楠等参天大树数十株。气脉汇聚，环境空灵的泰安古寺，实为居士们拜佛参禅、休闲疗养的绝佳境地。

　　泰安寺寺庙文化完整地保存了中国各个朝代的历史文物，在国家公布的全国文物保护单位中，寺庙及相关设施约占一半，谓之"历史文物的保险库"，乃当之无愧。寺庙建筑与传统宫殿建筑形式相结合，具有鲜明民族风格和民俗特色。各地一年一度的庙会如火如荼，不仅丰富了各地的文化氛围，同时促进了地方旅游业的发展。

中国十大名寺

　　中国十大名寺为白马寺、灵隐寺、少林寺、寒山寺、隆兴寺、清净寺、大相国寺、卧佛寺、塔尔寺、扎什伦布寺。

大雄宝殿

　　在佛教寺院中，大雄宝殿就是正殿，也有称为大殿的。大雄宝殿是整座寺院的核心建筑，也是僧众朝暮集中修持的地方。大雄宝殿中供奉本师释迦牟尼佛的佛像，而释迦牟尼的德号叫"大雄"，所以叫大雄宝殿。

三通古碑

　　三通古碑一是《重修龙王堂记》碑，刻于明万历十八年(1590年)；二是《永言孝思》碑，刻于清宣统元年(1909年)。三是《德政》碑，刻于中华民国二十五年(1936年)。

上 皇 观

青城山上皇观，在青城山的道教宫观中，是有着其特殊来历的。上皇观，亦名玄真观。据《蜀中名胜》记载：上皇观是在安史之乱唐玄宗幸蜀避祸时建。唐玄宗为什么要建上皇观呢？因为，他的两个分别了40余年的妹妹就在上皇观修行。

上皇观在五代、宋、元期间屡建屡毁，至明末已是荒山蓁蓁，楼台基本荡然无存。清康熙五十八年（1719）重建，清咸丰年间扩建中，挖基时掘出飞龙铁鼎一尊，高1.6米，铸造工艺精美，为唐玉真、金华公主旧物。

上皇观中有树龄500年的七星山茶，四季开花的公孙橘，银杏和月桂等古木。唐玉真、金华两个公主种植的古杉尚存一株，仍然生意盎然。唐至德二年（757），玉真、金华两个公主双双羽化于玄真观。唐玄宗悲痛地泣别了两个嫡亲妹妹，悄然回到残破的长安时，肃宗早已即位，他只好

咸丰皇帝像

悄悄地做他的太上皇了。玄真观的道众感念唐玄宗，在他被尊为太上皇之后，将玄真观更名为"上皇观"，并请丹青妙笔绘下了玄宗真容，供奉在上皇观中，这便是上皇观的来历。

安史之乱

安史之乱，是中国历史上一次重要事件，是唐朝由盛而衰的转折点。安指安禄山，史指史思明，安史之乱是指他们起兵反对唐朝的一次叛乱。

咸丰

咸丰，清朝使用此年号共11年。咸丰帝是清朝秘密立储继承皇位的最后一位皇帝，他被后人称为无远见、无胆识、无才能、无作为的"四无"皇帝。

长安

长安是中国四大古都之一。其地点由于历史原因有过迁徙，但大致都位于现在中国陕西的西安和咸阳附近。总计建都时间1200年。它是中国历史上建都朝代较多和影响力较大的都城。

常　道　观

常道观在青城山腰，房屋建筑面积5749平方米，因东汉天师张道陵曾于此传道，故名。洞在山腰混元顶下峭壁间，祀天师塑像，沿壁有廊可通。道观重建于隋大业年间，唐改称常道观，宋时名为昭庆观，后又沿用常道观至今。现存殿宇重建于清末，主殿为三皇殿，重檐回廊，雄踞高台，气势宏伟。殿内供伏羲、神农、轩辕三皇石刻造像各一尊，像高90厘米，为唐开元十一年（723）刻石。观内历代石木碑刻甚多，著名的有唐玄宗诏书碑、飞龙鼎、明代木刻花瓶等。观前右方有古银杏一株，高10余米，枝叶扶疏，传为张道陵所植。观东不远处有三岛石，为危岩三岛，传为天师降魔时所劈，现在石上有"降魔"二字。岛旁泉水环流，浓荫蔽日。

整个宫观依山势分布在白云溪与海棠溪之间的山坪上，庄严的殿堂与曲折环绕的外廊，随地形高低错落，把殿宇楼阁连成一片，四周峭壁陡岩，群山拱揖，真是"千崖迤逦藏幽胜，碧树凝烟罩峰奇。"宫殿金碧辉的建筑与自然山水交相映衬，分外优雅。

伏羲

伏羲，与神农与黄帝被尊为中华民族的人文始祖，伏羲是我国古籍中记载的最早的王之一。他根据天地万物的变化，发明创造了八卦，成为中国古文字的发端，同时结束了"结绳记事"的历史。

神农

神农，即炎帝，三皇五帝之一，远古传说中的太阳神。传说神农人身牛首，3岁知稼穑，长成后，龙颜大唇。他是农业的发明者，医药之祖，有"神农尝百草"的传说。

唐玄宗

唐玄宗，即李隆基，亦称唐明皇，公元712年至756年在位，在位期间开创了唐朝乃至中国历史上的最为鼎盛的时期，史称"开元盛世"。

青城山道观

常道观

全 真 观

　　全真观位于青龙岭龙居岗半山腰。该地原有龙居庵，后改为道家茶厂。1996年傅圆天大师精心规划，恢复重建慈航殿、七真殿和五祖殿。更名"全真观"。殿堂正对丈人峰山口。从天鹤观沿岗上行，峰回路转，可见层层茶园，及猕猴桃林。溪流绕径而下，巍峨的殿堂耸立在葱翠的林木中，实为修身养性之所。左边是尖峭绵延的丈人峰，右边是逶迤神秀的飞仙岗，全真观前殿供奉道教的慈航真人。这位大神普施慈悲，接引众生，超度苦海，咸登道岸。后殿供奉全真道开派的邱处机、谭处端、马丹阳、刘处玄、王处一、郝大通、孙不二等七位祖师，他们同为全真道创始人王重阳的七大弟子，又在元世祖至元六年（1269）都受封为真人，统称"全真七真"。七真殿的上面为五祖殿。正中供奉东华紫府辅元立极大道帝君（即王玄甫），右侧为重阳全真开化辅极帝君（即王重阳），和海蟾明悟弘道纯佑帝君（即刘海蟾），左侧为纯阳演正警化孚佑帝君（即吕纯阳）和正阳开悟传道垂教帝君（即钟离权），统称"五祖"。

慈航真人

　　慈航真人，也称慈航道人，元始天尊门下，为道教"十二金仙"之一，古代传说中的神仙。他居于普陀山落伽洞，他的法宝为清净琉璃瓶。

青城山七真殿

丘处机

丘处机，字通密，道号长春子，中国金朝末年全真道道士。在道教历史和信仰中，丘处机被奉为全真道"七真"之一，以及龙门派的祖师。

全真七子

全真七子，是道教全真道创始人王重阳的七位嫡传弟子，即马钰、丘处机、谭处端、王处一、郝大通、刘处玄和马钰之妻孙不二，人称北七真，也就是我们通常所说的"全真七子"。

白云万佛洞

青城山

　　白云万佛洞，位于青城后山銮华、熊耳两山相连的半山腰。悬岩峭壁中，散布着大小上百个天然洞穴，高低错落，峰回路转，从北至南，绵延约3千米。相传唐代白云祖师在此隐居修炼成佛，群洞通称为"白云洞"。白云洞古为佛教徒精修之地，历代名僧辈出，在中国佛教历史上有过重要的地位。民国年间，黄龙寺高道王翰阳也曾在此依洞为屋，练功修道。近年来，这个佛教道场又重展新姿，开辟了通天洞、九僧洞、地藏洞、大悲殿等洞，并在原白云庵遗址上重建了白云寺。群洞共塑大小佛像2000余尊，被誉为白云万佛洞。

　　游览白云群洞，多穿行于悬崖陡壁、古木丛竹之间，一路

龙虎山栈道

鸟语泉声，不绝于耳。夏日流泉、瀑布如练；冬日梅开，冰帘玉柱，高挂岩间。晨曦夕照，朝云暮雨，气象万千。茂林滴翠，秀竹摇青，祥云飘瑞，环境空灵，堪称福地洞天。唐代著名诗人贾岛有诗赞云："遍参尊宿游方久，名岳奇峰问此公；五月半间看瀑布，青城山里白云中。"白云万佛洞以她那千姿百态的奇岩，幽深神妙的洞穴，令人神往。

佛教

佛教，世界三大宗教之一，由乔达摩·悉达多所创，也称为释迦牟尼，意思是释迦族的圣人，广泛流传于亚洲的许多国家。西汉末年佛教经丝绸之路传入中国。

佛教四大圣地

佛教是在印度产生的，却在印度没落了，留下了四大佛教圣地分别是兰毗尼（在印度同尼泊尔交界处）、菩提伽耶、萨拉陀、拘尸那罗。

丝绸之路

丝绸之路，由张骞和班超开辟、指以长安和洛阳为起点，经甘肃、新疆，到中亚、西亚，并联结地中海各国的陆上通道。因为由这条路西运的货物中以丝绸制品的影响最大，故得此名。

白云万佛洞

飞 仙 亭

李白纪念馆

　　飞仙亭位于云岩寺东侧悬崖上，清代方丈为纪念窦子明在此修炼飞升成仙而创建于清道光二十四年（1844），现亭为1985年重建。传说窦子明本是唐代彰明县主簿，龙朔元年（661）左右，窦子明弃官隐居于圌山之上，终日颐神养性，苦行悟道，日日炼丹，逾三年，终成正果，在这里得道飞天。诗仙李白也曾十分仰慕窦子明，曾赞道："愿随子明去，炼火烧金丹"。

窦子明

窦子明，道教人物，又称窦真人，传说他修炼成仙，骑鹤白昼飞升，于是"有仙则名"，后人便将豆圌山冠以"窦"姓，名"窦圌山"。

李白

李白，字太白，号青莲居士，唐朝诗人，有"诗仙"之称，最伟大的浪漫主义诗人。他存世诗文千余篇，代表作有《蜀道难》、《将进酒》等诗篇，有《李太白集》传世。

道光

道光，是清宣宗道光皇帝的年号，名爱新觉罗·绵宁，后改为爱新觉罗·旻宁，满族，是清入关后的第六个皇帝，在位28年，病死，终年69岁。

飞仙亭

普 照 寺

　　登上青城三十六峰，遍览一百零八道风景，游人会发现味江河谷缠旋之一峰四季苍翠、地脉秀丽、山水清奇，此山名曰青峰山，闻名海外的青峰山尼众寺院普照寺即着落其中。沿着而今的景区大门拾阶而上，古树深幽、夹路松篁，左有龙王塘的水泉滴答作响，右有山石回头层层环抱。自康熙到民国时期的近300年的苦心耕耘，使青城山的佛教建筑以普照寺的建筑最有特色，它依山傍水构思奇特，其规模之宏伟，布局之精巧，与佛教经典及浮屠灵异结合紧密，实属罕见！后来被拆毁大部，仅存藏经楼及周围建筑共61间。普照寺原始的宏伟格局虽然大部分被毁，但藏经楼及船形石舫式的普同塔，对于研究佛教文化及建筑仍具有较高的价值。

佛教经典

　　佛教经典，统称藏经，俗称佛经，也叫《大藏经》，一般由经、律、论三部分组成。"经"是指释迦牟尼佛亲口所说，由其弟子所集成的法本。"律"是指佛陀为其弟子所制定的戒条。"论"是佛陀的弟子们在学习佛经后的心得。

浮屠

浮屠，也叫浮图、休屠。浮屠、浮图，都是佛陀的异译。佛教为佛所创，古人因称佛教徒为浮屠，佛教为浮屠道，后并称为浮屠。

宝塔

此塔为佛教建筑物，起源于印度。汉代，随着佛教从印度传入中国，塔也"进口"到了中国。"塔"是印度梵语的译音，本义是坟墓，是古代印度高僧圆寂后用来埋放骨灰的地方，后来为塔的美称。

藏经阁

普照寺

芒城遗址

芒城遗址位于川西平原的西部边缘、都江堰市南15千米青城乡芒城村。遗址呈不规则正方形，南北长约360米，东西宽340米，面积约12万平方米。城墙保存较好，为内外双圈城墙，宽5～20米、高1～3米，外墙外和内外城墙间各有一条宽约20米的壕沟。内外城墙和内外壕沟是一个系统工程，其修建方法是"挖壕取土筑墙"。

以芒城遗址为代表的成都平原史前城址群是全国6个龙山时代城址群中的一个，是西南地区最早，也是最大的史前城址群，再一次证明了川西平原是长江上游文明的中心。城址作为从中心聚落到国家发展过程中的一个重要环节，在研究古代社会的演进、中华文明起源、文化交流中具有突出的作用。对芒城遗址的研究将为探索长江上游文明的起源、国家的形成以及长江上游在中华文明起源中的地位和作用提供十分重要的依据。

川西平原

川西平原，又称成都平原、盆西平原，是位于中国四川盆地西部的一处冲积平原，是整个中国西南地区面积最大的平原。

川西平原

壕沟

　　壕沟是指作为保卫或圈围用的明沟。壕沟主要是用于军事防御，通常将挖掘出来的泥土堆在它前面作为土方的狭长沟。

龙山文化

　　龙山文化泛指中国黄河中、下游地区约新石器时代晚期的一类文化遗存，属于铜石并用时代文化，因发现于山东章丘龙山镇而得名。

普照寺暴富

佛教寺院

普照寺是坐落在青城山大观镇境内的著名佛教寺院，最早建寺的年代已无从考察，只知原寺明末毁于张献忠的兵燹。普照寺早期叫"金花庙"，供奉的是鋈华祖师，是由一座家族弃祠改建而成的贫穷小庙，"无食以养僧，无房以妥神"。清代康熙年间开始恢复，是一座仅占地300多平方米的简易小庙。就是这样的一个简易小庙，在乾隆三十年（1765）以后，突然大兴土木，广置田产，到道光二十九年（1845）前后，经百余年间的连续扩建，普照寺被建成了宏伟大寺院，由此也一跃成为川西四大丛林之一，远近闻名。据估算，这段时间普照寺修建费用在万两金银

以上，而普照寺碑文载：未受捐施，不假募助。那么，这巨大的耗资从何而来呢？这便是令后人百思不得其解的普照寺突然兴旺之谜。

张献忠

张献忠，字秉忠，号敬轩，明末农民起义领袖，与李自成齐名。1644年在成都建立大西政权，即帝位，号大顺。

都江堰水利工程

都江堰是中国建设于古代并使用至今的大型水利工程。它由秦国蜀郡太守李冰及其子率众于公元前256年左右修建的，是全世界迄今为止，年代最久、唯一留存、以无坝引水为特征的宏大水利工程。

康熙帝

康熙帝，即爱新觉罗·玄烨，是中国历史上在位时间最长的皇帝。他是我国统一的多民族国家的捍卫者，开创出康乾盛世的大局面。

异名之争

　　相传雪山寺开山立庙后，代代僧人皆喜好练武。雪山寺的承传方式很特别，并不像其他寺庙传袈裟之类的衣钵，而是像江湖帮会一样传信物。这信物就是以开山祖师啸云净命名的"啸云剑"。此宝剑不足70厘米，剑鞘和剑柄镶有七颗宝石，为雪山寺镇庙之宝。凡据有此宝剑者，即为雪山寺主。可是到了清朝中叶后，邻近的普照寺突然崛起，其间雪山寺的"啸云剑"不幸被人盗去，住持方丈自责退位，云游四方，发誓不寻到宝剑绝不回来，从此杳无音信，雪山寺也就此衰落下来，一蹶不振。后来，雪山寺僧人认为这是旁边的銮华庙改名普照寺相克所致：普照之下，雪山焉能不化？于是更换牌匾，将雪山寺更名为"乌云堂"，意在"乌云"遮挡"普照"，倒克普照寺。普照寺僧人也不甘示弱，在寺名前加上山名，换作"青峰山——普照寺"，取"青峰"谐音"清风"，意即"清风驱散乌云"，再反过来倒克雪山寺……

衣钵

　　衣钵，是指僧尼的袈裟和食器，原指佛教中师父传授给徒弟的袈裟和钵，后泛指传授下来的思想、学问、技能等。中国禅宗师徒间道法的授受，常付衣钵为信证，称为衣钵相传。

青城武术

　　青城武术，是中国古代武术四大门派之一，发源于中国道教圣地、世界文化遗产四川青城山。青城派武术尤以玄门太极和剑术见长。玄门太极拳法自成体系，而剑术也被誉为中华四大剑派之一。

青城八仙剑

　　青城八仙剑，中国武术四大剑派之一，是纪念道家八仙的一套剑术，属于道家高级剑术中的工体剑，不尚花架，潇洒飘逸，练时有健身的效果，战时则有防身的作用，是青城剑术中的精华。

裂裳

心莲和尚之谜

普照寺挖出财宝可能与张献忠藏宝的另一条值得怀疑的线索有关，就是普照寺的开山祖师心莲和尚。张献忠被杀，而他的部将李定国却率部转战南北，拥戴朱明王朝一个宗室子弟，打起了反清复明的大旗，分别在两湖两广活动了十多年，最后才在清军的围剿下，出境到了缅甸的桂所，坚持反清斗争。而就在这时，心莲和尚突然来到了青峰山，把普照寺改建成了銮华庙。作为一个"护宝人"，心莲和尚以銮华庙为掩护，恪守着自己的职责，他的使命可能就是看护好藏宝，以便日后李定国攻入境内时，起出藏宝以资助和响应。

清军铁索甲

然而出乎心莲和尚意料的是，没过几年吴三桂便奉清廷旨意，率大军剿平了桂所，大西军彻底灰飞烟灭。心莲和尚万念俱灰，最后在绝望和贫困中死去，但他临死前肯定向弟子讲明了他作为大西军将领，随"八大王"张献忠和李定国转战南北的不凡身世和经历。但不知为什

么，心莲和尚没有向弟子说明藏宝之事，这可能与他心死如灯灭有关，想把藏宝作为一个谜永远烂在自己肚子里，或者他想：今后弟子们能不能发现和利用这笔藏宝，就看他们的缘分吧，佛门不是讲究缘分吗？所以直到心莲和尚死后许多年，普照寺的和尚才在无意间发掘出藏宝。

朱明王朝

朱明王朝，即明朝。因明朝的皇帝姓朱，所以明朝又称朱明。明朝由明太祖朱元璋建立，国祚276年，是中国历史上最后一个由汉族人建立的封建王朝。

李定国

李定国，字鸿远，小号一纯，明末杰出的军事家，小时候就跟随张献忠起义，明末清初大西农民军领袖之一。大西政权建立，他擢安西将军，同孙可望、刘文秀、艾能奇一起，被养为义子，合称四将军。

吴三桂

吴三桂，字长伯，一字月所，辽东人，明末清初著名政治军事人物，1644年降清，引清军入关，被封为平西王。他于1673年叛清，发动三藩之乱，于1678年农历八月十七夜病死。

张献忠青峰山采石

张献忠在明崇祯十六年（1643）攻克武昌后建大西政权。崇祯十七年（1644）第二次进川攻克成都，并定都成都，于1646年战死西充。大西政权在四川共计只有18年时间。在大西国灭亡的前几年，张献忠最为倚重的义子张可旺率兵进驻灌县，并在民间搜罗了300石匠到大观镇境内的青峰山采石。青峰山是青城山的一支支脉，位于大观镇境内，普照寺就建在青峰山麓。奇怪的是，张可旺监督数百石匠采石，却并未运出山，也未在山中修建任何建筑物或用铺路。采石半年，却连300石匠也未见走出山来，消失在青峰山中。合理的解释是，张可旺可能奉张献忠密令，在青峰山以采石为掩护，秘密挖掘山洞或修建地宫，用来藏宝，因为根据时局的发展，大西国政权已岌岌可危，转移财宝是情理之中的事。大概张献忠也料到如果清军灭掉了大西国，再要复辟是十分困难的事，作长期打算，必须埋藏财宝，以便将来之需。开采出的石材或者用来修了地宫，或者砌了山洞，也有可能掩藏在某处山坳。而采石的工匠，则全部被灭口。

大西政权

大西政权，是张献忠建立的农民政权，与明朝并立。1643年在武昌初建。1644年张献忠占领成都后称帝，正式建立政权，年号大西。

石刻

张可旺

  张可旺，又叫孙可望、孙朝宗，字茂堂，号莲山。他是明末清初西南一带炙手可热的风云人物。他儿时即随张献忠起义，因骁勇善战，受封为平东将军。

朱由检

  朱由检，明朝第十六位皇帝，年号崇祯，在位17年间大力铲除阉党，是位年轻有为的皇帝，但明朝国力已无法振兴。1644年，他自缢身亡，终年35岁。

张天师"四不吃"传说

张天师世家，也讲究居住庙观，但可娶妻置室，传宗接代，虽有斋戒，但在非斋之日，可以喝酒，尝荤，据闻天师世家历来传有四不吃的规矩。

所谓四大荤指的就是"牛肉、乌鱼、鸿雁、狗肉。"这就是张天师的四不吃。其原因据说是：

（一）牛。一辈子吃的是草，挤出的是奶，终生劳作，普济众生，它太辛劳了，不能吃。

（二）乌鱼。人们通常说："乌鱼精最可恶，连自己的亲生子都吃"，但天师道友的说法与此恰恰相反，他们认为：乌鱼一到产卵期，两眼昏花，什么也看不见，只待饿死升天，乌鱼鱼崽最有孝心，宁可自己游入母嘴，给娘充饥，也不能让娘饿死，精神可贵，吃不得。

（三）鸿雁。失偶孤雁，终生独居，处境凄凉，矢志不渝，不再婚配，精神可嘉，不该吃。

（四）狗。古往今来，人们常说："子不嫌母丑，狗不嫌

张天师

家贫"。它终生随主，为主效劳，不可食也。

张天师的这种"四不吃"，恰与中国古典名著《水浒传》所宣扬的道德思想是一致的。

斋戒

斋戒有多种来源。在中国，斋戒主要用于祭祀、行大礼等严肃庄重的场合，以示虔诚庄敬。"斋"来源于"齐"，主要是"整齐"，如沐浴更衣、不饮酒、不吃荤。戒主要是指戒游乐，比如不与妻妾同寝，减少娱乐活动。

古典文学

古典文学泛指各民族的古代文学作品，是文学的一部分，是现代文学的发展基础，它是承上启下的，是文学发展史上不可缺少的部分。

《水浒传》

《水浒传》又名《忠义水浒传》，一般简称《水浒》，作者施耐庵，创于明朝中晚期，是中国历史上第一部用白话文写成的长篇小说，开创了白话章回小说的先河，是中国四大名著之一，也是汉语文学中最具备史诗特征的作品之一。

张天师软禁狐狸精

传说，张天师自从被白骨精盗喝了灵泉井的法水以后，每逢外出便在三道门前施用三道神功妙法，使邪妖不能入门进府。一天，张天师外出因回府很晚，忘记收回门上的三道法术。狐狸精乘雷电交加之机，从空而降，不料恰恰落在"三省堂"的中厅。这时，天师正在中厅后的居室休息，忽见一道白光闪入中厅，顿觉奇怪，果然就闻到了一股狐腥味，便大声喝道："小狐狸！你狗胆包天，竟敢越门闯府，休想躲藏，快快出来，从实招供，免受一剑。"

狐狸精躲在楼上，被张天师的几句话吓得发抖。于是跳下楼来，扑通一声，跪在天师脚下，磕头求饶。从此，这个狐狸精就被张天师软禁在天师府三省堂中厅的楼上，再也没有出现过。

相传，在这楼上东边的一角处，还为狐狸精立了坛位，每日香灯供祀，随之，这个中厅也就传称为"狐仙堂"。时至今天，还有不少游人在这里停步向楼上探望，遐想狐狸精是否还软禁在这里。

法术

　　古代传说中，指人们经过特定的方法及咒语借用自然力量来祈福化解凶煞或者操纵事物的方法。唐代以后阴阳学从中国消失，后人将画符诅咒、念咒奴役鬼神的阴恶等手段也称作法术。

香灯

　　香灯为焚香与燃灯。释惠洪的诗："一室香灯梦寝余"。谢枋得的圆峰道院祠堂记："朔望有斋馔，晨夕有香灯，如士大夫之奉家庙。"后世寺庙中掌管佛堂的焚香、燃灯等工作者，也称为香灯。

祭祀

　　祭祀是华夏礼典的一部分，更是儒教礼仪中最重要的部分，礼有五经，莫重于祭，是以事神致福。祭祀对象分为三类：天神、地祇、人鬼。

祭祀现场

张天师软禁狐狸精

金娃娃沱的故事

　　熊耳山下有条大沟，沟中有三个大水沱，最上面的那个叫"金娃娃沱"。为什么叫金娃娃沱呢？

　　很久以前，有一次，天上的王母娘娘又要举行蟠桃会了，各路的神仙、天王，都在忙着赶制礼品。玉皇大帝也派了他身边的金童和玉女一起下凡，到青城后山采灵芝。

　　金童玉女是头一次到青城后山，看到这儿到处都是山清水秀，绿幽幽的，鸟儿叫，花儿香，风景秀丽。金童说："天上哪里有这么美哟！"玉女说，就是嘛，每天都在玉帝的旁边站起，好累人哟，哪里有这好玩！金童牵起玉女的手，这座山跑到那座山，这条沟穿到那条沟。他们又摘花，又捉鸟，玩得把采灵芝的事都忘干净了。他们来到个水沱边上，你看我，我看你，汗把衣服都浸湿了。金童说："你看这水呀，好清亮哟。我们洗个澡吧。" 说着，金童和玉女双双跳入水中，顿时间，水里泛出金光，金光渐渐扩大到整个水沱。于是这个水沱取名为"金娃娃沱"。

王母娘娘

　　王母娘娘是传说中的女神，原是掌管灾疫和刑罚的大神，后在流传过程中逐渐女性化与温和化，而成为慈祥的女神，亦称为金母、瑶池金母、瑶池圣母、西王母。

玉皇大帝

玉皇大帝，又称"昊天通明宫玉皇大帝"、"玄穹高上玉皇大帝"。道教认为玉皇为众神之王，在道教神阶中修为境界不是最高，但是神权最大。玉皇大帝除统领天、地、人三界神灵之外，还管理宇宙万物的兴隆衰败、吉凶祸福。

蟠桃会

相传三月三日为西王母诞辰，当天西王母要在瑶池大开盛会，以蟠桃为主食，宴请众仙，众仙也将受邀赴宴作为了一种荣耀和身份的象征，因此农历三月初三也成为了一个重要的道教节日。

王母娘娘庙

花王与茶姑的故事

　　四川从明代起开始制花茶，成都人喜爱喝茉莉花茶，流传着一则有关茉莉花茶的故事。相传，古时龙泉驿东山一带，从大面铺到海螺寺遍栽着茉莉花。入夏，纵横几十里花香不断。一天，有人看见石经寺附近的茉莉花丛中，走出一个玉一般洁白，冰一般晶丽的王子，被称为"人间第一香"的花中王子。

　　龙泉山的云雾山中，生长着茂密的茶树，每到夜晚，林中便走出一群茶姑，嘻嘻哈哈边走边笑，手拉着手结伴追赶茉莉花王子。撵上后，王子热情欢迎茶姑，在她们的青丝的鬓发边插满芳香的花蕾，久香不断。后人咏叹："茶情偏与夜相投，心事鬓边羞。薰醒半凉梦，能消几个开头？风轮浸卷，冰壶低架，香雾飕飕，更著月华相恼，木樨淡了中秋"。成都人爱饮茉莉花茶，大概和这个美丽动人的故事有关。

花茶

　　花茶，又名香片，利用茶善于吸收异味的特点，将有香味的鲜花和新茶一起闷，茶将香味吸收后再把干花筛除，制成的花茶香味浓郁，茶汤色深。最普通的花茶为茉莉花茶。

花茶

茉莉花茶

茉莉花茶，又叫茉莉香片。有"在中国的花茶里，可闻春天的气味"的美誉。茉莉花茶是将茶叶和茉莉鲜花进行拼和、窨制，使茶叶吸收花香而成的，茶香与茉莉花香交互融合，"窨得茉莉无上味，列作人间第一香。"

石经寺

石经寺始建于东汉末年前后。石经寺是川西五大佛教林之一，藏黄教法工宗喀巴大师由嫡传汉区第一个密宗道场即设于此。

道教文化

庄子

道教是在中国古代社会宗教信仰的基础上发展起来的一种宗教，具有民族思想和信仰的特征。中国道教从创教的1800多年来，一直道脉不断，宗派繁衍成为中国的国教。青城山也成了道教的祖庭和圣地。青城山列入联合国文化遗产保护区后，中国土生土长的宗教成为了人类共有的文化遗产之地和朝拜、观光的圣地。

自古以来，中华道教十分尊重生命和重视养生，青城山的道教养生文化更是源远流长极具魅力，青城山镇也因此被四川省政府命名为长寿之乡。青城山会场的文化活动以养生为主题和主线，串珠似地设置了仙山对弈、武术展演、神仙茶会、千人太极、道教医药、道教膳食、与道同行、福灯辉映、道教祈福大法会和青城问道等十个项目，内容涉及围棋、武术、医药、膳食、茶道和道教养生文化旅游产品

展销等方面，供游人直接参与和体验，可谓是道教文化节活动期间一道丰富多彩的养生大餐。

老庄学说

老庄学说倡导通过清修方能够守静，进而能够深谙、彻悟"无为"——即真正明了如何才能不违天道行事、应物、待己，如何才能避免人为的乱干预宇宙自然大道的运化的要义，由此能达"无为而无不为"、随心所欲合于道的得道至地。

道学

道学，原指老子创立的有关道的学说，包括哲学的道家、宗教学的道教以及属于人体生命科学范围的内丹学。

庄子

庄子，姓庄，名周，字子休，战国时期文哲大家，道家学说的主要创始人之一，代表作品为《庄子》，主张"天人合一"和"清静无为"。

青城山登山节

　　青城山登山节，自2001年开始举办，青城山登山节已经连续举办了多届，受到各界的一致欢迎。2006年，青城山已被国家体育总局登山运动管理中心确定为全国群众登山大会首发式举办地。参天树林中，在千年文化沉淀的青城山登山将是更多人的选择。青城山每年举办的登山活动，就是让群众在走向山野，拥抱自然，增强体质的同时，亲身感受和展示城市独特的文化历史魅力。青城山登山节既是一种健康体验活动，也是一种文化实践活动，同时也是一种创建"天人合一、和谐共生"的推广活动。通过青城山登山节，我们走进青城山不仅是走进了"幽甲天下"的大自然，同时也走进了古蜀文化历史沉积得厚重的圣地。"天人合一"的道教哲学思想源远流长。

天人合一

　　天人合一，这一概念最早是由庄子阐述，后被汉代思想家、阴阳家董仲舒发展为天人合一的哲学思想体系，并由此构建了中华传统文化的主体。

董仲舒

　　董仲舒，西汉一位与时俱进的思想家，儒学家，西汉时期著名的唯心主义哲学家和文经学大师。其教育思想和"大一统"、"天人感应"理论，为后世封建统治者提供了统治的理论基础。

道教哲学

　　道教哲学，产生于中国东汉晚期的一种以神秘化了的"道"为宇宙本原的宗教哲学。它把道家的"道"予以神学的阐释，结合儒学，融合佛学，形成了独特的理论。

登山路

青城山登山节

97

青城易学

罗盘

《易经》本为占卜之书，带有预测功能，本有图像，今辞实为古代易图的释语。汉代曾隐居青城山的李意期即为著名的占卜高人，并传其术在青城山代代相传，后世所称为"革轨卦影"术。

晋代青城山天师道首领范长生，著有《蜀才注〈周易〉十卷》，自谓蜀才，所主"卦变"，又称为"推步大元五行"。曾辅佐李雄建立了"成汉"政权，受封为天地太师、西山侯。

唐代青城山道教学者杜光庭，通晓易理，他在著作中，精辟地分析了老子学说中"理、导、通"三者的关系，进一步阐明了"通生万法，变通无壅"的大易之道。

清代，著名学者黄去鹄于青城山小朝阳洞，开辟了讲易石室，兴办青城易学讲座，各地研究易学者，曾前来学术交流，影

响很大。

　　近代青城山著名道学大师易心莹以及当代著名学者刘子华，也都对中国易学的发展曾作出重大的贡献。

易学

　　易学源于易经之学，简称易学，它起始于占卜但高于占卜，易经中记录了很多上古的历史事件，因此易经本于实践。《易经》是中国文化最古老的典籍，是中国人文文化的基础。

陈抟

　　陈抟，字图南，号扶摇子，赐号希夷先生，是五代宋初著名道教学者、隐士。陈抟继承汉代以来的像数学传统，并把黄老清静无为思想、道教修炼方术和儒家修养、佛教禅观会归一流，对宋代理学有较大影响，后人称其为"陈抟老祖"、"睡仙"、希夷祖师等。

易心莹

　　易心莹，俗名良德，字综乾。他的宇宙论以"道"为万物之源，道"主虚灵，主微妙"，化而为青、白、黄三气，使"万物殖"，著有《老子通义》、《老子道义学系统表》、《道教系统表》，并作《青城风景导览》、《青城指南》等书。

青城山丹道

道士炼丹，前史悠长，相传为远古的女娲和黄帝始创，有"女娲炼石"、"黄帝铸鼎"的神话传说。青城山历代很多道士古亦以炼丹知名，很多道书都有详尽记录。炼丹道士以丹砂、铅和其他药物、矿物为原料，放在炉鼎中烧炼，以求制成"灵药"、"妙药"，希望使人服后治病强身、益寿延年，或长生不死。炼丹固然适得其反，但在客观上成了古代化学的先导。古籍中就记录有"丹砂烧之成水银，积变又成丹砂"的化学反应的结论。后来在炼丹的进一步寻找中，还发生了我国伟大的创造——火药。英国有名学者李约瑟著书说："道教能将理论付诸理论，所以，东亚的化学、矿物学、植物学、动物学和药物学，都发端于道教。"青城山道士的炼丹术，早在晋代青城山道士皇甫士安就著有《养丹诀》一卷。后来历代青城山道士都有炼丹著作，并搜集常用药物称号及丹药的制造和用法100余种，这种炼丹术和丹药，丹道称为外丹术。

火药

中国古代四大发明之一。火药发明于隋唐时期。火药的研究开始于古代道家炼丹术，古人为求长生不老而炼制丹药，炼丹术的目的和动机都是荒谬和可笑的，但它的实验方法还是有可取之处，最后导致了火药的发明。

李约瑟

　　李约瑟，英国伦敦人，著名生物化学专家、汉学家。其所著《中国的科学与文明》（即《中国科学技术史》）对现代中西文化交流影响深远。关于中国科技停滞的李约瑟难题也引起各界关注和讨论。

东亚

　　东亚位于世界上最大的大陆——亚洲东部，面临世界上最大的大洋——太平洋西侧，主要包括中国、蒙古、朝鲜、韩国、日本5个国家。

青城山气功

　　气功学是研究人体身心锻炼的方法和理论之学，是中国传统的行气、调息、和神等内炼法的总称。它以"气"为其理论和实践的基础，强调精、气、神的保养与锻炼。

　　现在人们常说的气功，道教称为内丹术。他们主张以本人的身体为鼎炉，以本人的精气为药物，以元神为火候，经过一定程序的特殊锻炼后，使精气神在体内凝集不散，这种交融物就叫做"内丹"，人体部位称为"丹田"。修炼过程可分为筑基、炼精化气、炼气化神、炼神还虚四个阶段。其主要目的在于延年

练功

益寿、开发智慧。它对生命的本质、生命的奥秘、生命的过程，人和宇宙的关系，精神与物质的关系等一系列问题都有独特的见解，故亦有人将气功(内丹)理论，归入生命科学的范畴。内功既是道教炼养功夫的核心，也是道教炼养功夫的根本，它是动功、静功、气功、房中、服食等功夫的综合发展，是一种较高层次的身心炼养术。

丹田

丹田，是道家内丹术丹成呈现之处，炼丹时意守之处。原是道教修炼内丹中的精气神时用的术语，位置处于人体的黄金分割线上。

内丹

据传，内丹是以天人合一思想为指导，以人体为鼎炉，精气神为药物，在体内凝练结丹的修行方式。从中华道家宗祖轩辕黄帝求道于广成子记载算起，内丹已经经历了5000年的发展历程。

丹道

据传，丹道的修炼，是人们在自我意识的觉悟下，对自我生命把持的一种修持方式，即是人的潜意识最深层处理性与感性的觉悟，对人命运的根本改变，由之长生久视，及羽化成仙，及得道飞升，等等，是最终极的追求与向往。

长　生　宴

长生宴是青城山一家餐厅推出的道家滋补特色美食。自三国蜀汉,范长生在此建范氏庄园,修炼长生久视之术,采山之精、水之灵、珍林香草之花宝,巧妙烹饪,食之本色、本味,得享天年,寿齐彭祖。之后,药王孙思邈居青城,又将川芎、山药等做成药膳以滋补元气。唐安史之乱,明皇避乱蜀中,驻跸长生宫,使道家饮食得以进一步发展和丰富。青城道家自古多美食。厨师依据《青城山道家食谱》等文献中的道家菜品及融入民间的道家善生美食进行了精心的选料与烹饪,隆重推出了思之垂涎,看之娱目,食之爽心,留香三日的长生宴,并成为人们生日庆寿的时

餐厅美食

尚宴席以及接待尊贵客人、重要嘉宾的吉祥美食。长生宴受到来自五湖四海嘉宾们的赞叹。

范长生

范长生，字元，涪陵丹心人，"蜀之八仙"之一。他博学多能，尤精书法，著有《道德经注》、《周易注》。旧时四川青城山有"长生宫"，为范长生的纪念之地。宋代诗人陆游曾到此游览，吟诗说："碧天万里月正中，清夜珮节长生宫。"

五湖四海

五湖一般指洞庭湖、鄱阳湖、巢湖、太湖、洪泽湖。在《地里通释十道山川考》中，原先的五湖指彭蠡、洞庭湖、巢湖、太湖、鉴湖。四海一般指东海、黄海、南海、渤海。由于古时认为中国四面环海，之后四海就泛指全国各地。

陆游

陆游，字务观，号放翁，南宋诗人。他的诗歌内容极为丰富，既有抒发政治抱负，反映人民疾苦，也有风格雄浑豪放；抒写日常生活，也多清新之作，著有《剑南诗稿》、《渭南文集》、《南唐书》等。

古建筑文化

古建筑

　　青城山的古建筑，以道教宫观居多。这些建筑大都顺应自然，在环境清幽和地势险绝处建造且布局灵活，不强求严格贯穿的中轴线。它们讲究在隐、藏、幽、奇上用功夫，融入自然，与周围的大自然浑然一体。它们结合地势，汲取古代南方民族的干栏式建筑构架，用台、吊、挑、跌、披、叠等方式，朴实幽致，大方自然，给人以亲切感。

　　中国道家多有传统的"风水术"，选址注重环境生态。青城山的古建筑很好地体现了这一特点，如建于半山腰的天师洞，背靠混元顶，左傍青龙岗，右临黑虎堂，前方地势开阔。天师洞的外山门"五洞天"，更是集中了青城山建筑的精华，从山门外道接仙桥，步步引人入胜。

青城山宫观建筑的基本组成，可概括为神殿、斋堂、客舍、林园四个主要部分。神殿是道观的主要建筑和中心，以天师洞的三清殿最具代表性。斋堂，位居大殿左侧，集书画、联额、诗词、雕刻为一体。客舍，处于僻静处单独设院，一般居大殿右侧，用来接待客人。林园，因地制宜，多以"幽"、"奥"取胜。它们采取引景、设景、取景等造园手法，既出奇制胜，又与山林融为一体。

干栏式建筑

干栏式建筑是指在木(竹)柱底架上建筑的高出地面的房屋。一般所说的栅居、巢居等，大体所指的也是干栏式建筑。考古学和民族学中所指的水上居住或栅居，属此类建筑。

风水术

风水术其实就是论述和指导人们选择和处理住宅（阳宅）与坟地（阴宅）的位置、朝向、布局、营建、择日等一系列的主张和学说，是选择居住环境的一种术数。

宫观

宫观即道观，是各类道教建筑的总称。它是道教徒们修炼、传道和举行各种宗教仪式以及生活的场所，多位于名山大川附近以及大城市里。

古建筑文化

青城古乐

据有关历史文献记载，青城古乐起源于我国东汉时期，距今已有近2000年的历史。在长期的发展过程中，它吸收了川西地区的巫觋祭祀音乐的一些特点而自成体系，音乐的主题表现了道家宁静以致远、淡泊以明志，洁静精微，天人合一的思想，故古代帝王又往往将它作为与神仙进行沟通、交流的一种音乐。唐朝末年，著名的道教思想家杜光庭将其发展成为具有鲜明特色的"广成韵"，形成一种剑、舞、乐合一的特殊的音乐体系，并一度成为四川音乐的主体。古乐后来传入云南，与云南丽江的地方音乐相结合，演变出了今天的纳西古乐。尽管明清以后，由于种种原因，青城古乐渐渐衰微。青城古乐，如果离开了幽深峻秀的青城山，离开生它、养它的文化和武术，青城古乐的生命也就会慢慢消失。但曾经的辉煌和

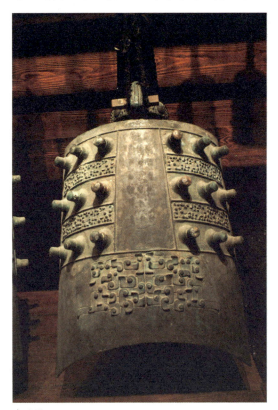

古乐器

当代人的努力，令它蕴藏了巨大的能量，只待时日，便会将青城古乐再次名扬天下。

丽江

丽江位于云南省西北部云贵高原与青藏高原的连接部位。与同为第二批国家历史文化名城的四川阆中、山西平遥、安徽歙县并称为"保存最为完好的四大古城"。

纳西古乐

纳西古乐是纳西族人民在接受以儒道文化为代表的中原文明影响下而创建的艺术结晶。

巫觋

古代称女巫为"巫"，男巫为"觋"，合称"巫觋"。后来也泛指以装神弄鬼替人祈祷为职业的巫师。巫觋的特点被认为能通鬼神，具体有两种方式：一种是请神附体；另一种是"灵魂出走"。

洞经音乐

　　洞经音乐，又称"洞音"、"儒门洞音"、"谈经调子"，其产生的地方较多认为在四川青城山一带。洞经音乐的构成有"经腔"和"曲牌"两大类别。"经腔"主要是诵唱道教教义的音乐(后来也演唱一些唐诗、宋词)；"曲牌"是器乐演奏的音乐，用于一种表演程式(科仪)的开始、结束或间奏部分，在流传演变的过程中，也因其逐渐世俗化而成为一种独立的器乐演奏形式。

　　洞经音乐属道教音乐，是汉宫廷音乐文化。主要因说演道教经典《玉清无极总真文昌大洞仙经》或《洞经》而得名，始于唐宋，盛于明清。明末清初，《大洞仙经》在大理地区已风行于各地文化阶层，并已和大理白族文化融为一体。它不但具有古朴典雅的江南丝竹之风，而且融合了大理白族传统音乐，既和谐、优美，如行云流水，又古韵迭起，令人听之飘飘欲仙，宛如进入一个神奇的世界。

曲牌

　　曲牌是传统填词制谱用的曲调调名的统称，俗称"牌子"。古代词曲创作，原是"选词配乐"，后来逐渐将其中动听的曲调筛选保留，依照原词及曲调的格律填制新词，这些被保留的曲调仍多沿用原曲名称。

洞经音乐表演

大理

大理位于云南省中部偏西，地处云贵高原与横断山脉结合部位，是云南最早文化发祥地之一。据文献记载，4世纪白族祖先就在这里繁衍生息，散布了许多氏族部落，史书中称为"昆明之属"，并创造了灿烂的新石器文化。

丝竹

丝竹是弦乐器与竹管乐器的总称。丝是指弦乐器；竹是指管乐器。丝竹是琴瑟箫笛等乐器的总称，也指音乐。

洞经音乐

青城功夫

中华武术源远流长，根植道家，青城山功夫发源于道教起源地青城山。青城功夫分为道家和俗家两大部分，主要内容有：青城功力拳、青城十三太保、单边拳、七星拳、四门拳、霸王拳、秘手拳、燕青拳、劈山拳、民间南拳、长拳、三路弹腿、十路闯打。器械方面主要有：青城六合刀、关公大刀、青城枪法、劈山刀、剑法、棍法、九节鞭、双钩、三节棍、双刀、钢鞭等各类软硬冷兵器。青城山硬气功主要包括：铁拳、金刚指、铁臂功、铁砂掌、易筋经、金钟罩、金丹铁布衫、排打术、铁扫帚，另有养生功、青城柔功、丹功、民间格斗术、民间散手等。

中华武术

东汉142年，张道陵在青城山创立道教开始，2000年来，道教在青城山香火不断，道脉延续至今。青城山历代道人在精研道家仙学的同时，其用于舒筋展骨、强身御敌的武功也流传下来。从张陵的正一派开始，青城山

先后有上清派、北帝派、清微派、丹鼎派南宗、青城派、全真龙门派等近十个道教宗派，道教宗派在历史演变中历经更迭，最后基本都融于目前的全真教龙门派。而历代道教的丹道、内功、医术、易学、养生、武功等方面的精髓，也基本都被兴盛起来的道教宗派完整地继承，从而让青城武功能够完整地传承下来，历史上存在过的每一个道教宗派，都对青城功夫的形成、发展、传承起到了重要作用。

中国功夫

中国功夫也称中国武术，是以技击为主要内容，以套路和搏斗为运动形式，注重内外兼修的中国传统体育项目，是中国人民长期积累的文化遗产。

全真教

全真教属于道教教派，始创于金代初年，创始人王喆，道号重阳子。他认为修真养性是道士修炼的唯一正道，除情去欲，识心见性，使心地清静，才能返璞归真，证道成仙。

五大道派

道教史上因"道法承受"来源不同而分衍的宗派，最大的有五派：正一道、全真道、真大道教、太一道、净明道。

白果炖鸡

　　白果炖鸡是青城四绝之一，相传白果炖鸡由青城山天师洞的道士创制。据说，在很久以前，青城山一位年高的道长久病不愈，日益消瘦。青城山上有一棵银杏树已有500多年的历史，所结白果大而结实。天师洞的一位道士曾多次取用该树所结的白果，同嫩母鸡烧汤，文火炖浓后，给道长食用，使道长病情好转，不久便恢复了健康，精神焕发。青城山盛产白果，采用传统方法以白果炖仔鸡，再以猪肘相合加少许食盐、冰糖即成，汁鲜味美，清香不腻，具有很好的养生食疗价值。从此，"白果烧鸡"便闻名蓉城和整个四川地区，成为一款特色名菜。"白果炖鸡"，成都青城山地区的传统名菜，汤汁浓白，鸡肉异常鲜美，属于养身的补汤，可以益气、补虚、清肺热，是一道很补身子，没有一点辣味的川菜。白果就是银杏的果实，李时珍《本草纲目》说白果有"熟食温肺益气，定喘嗽，缩小便，止白浊；生食降痰，消毒杀虫"的作用。

李时珍

　　李时珍，字东璧，当时的人叫他李东璧，号濒湖，晚年自号濒湖山人，湖北蕲州人。他是中国古代伟大的医学家、药物学家，代表著作《本草纲目》。

银杏树

《本草纲目》

《本草纲目》是由明代的医药学家李时珍为修改古代医书中的错误而编，他以毕生精力，亲历实践，广收博采，对本草学进行了全面的整理总结，历时29年编成。

川菜

川菜，四川菜系，是中国汉族八大菜系之一，也是最有特色的菜系，民间最大菜系之一。川菜以善用麻辣著称，具有取材广泛、调味多样、菜式适应性强3个特征。川菜中的名菜有鱼香肉丝、夫妻肺片、麻婆豆腐等。

白果炖鸡

青城泡菜

　　青城山泡菜又名"青城道家老泡菜"，以青城山生长的鲜黄瓜、豇豆、水红辣椒、萝卜、仔姜、大蒜等为原料，经严格挑选、清洗、晾晒后，放入泉水、精盐、花椒等配制而成的特殊汁液中，专室、专具存放，专人管理而制成。青城山泡菜保存十数年仍色鲜质坚，脆嫩酸甜，是一种能解腻、开肠胃、增进食欲的小菜，可以在吃面、吃饭的时候配着佐餐。赵朴初《调寄忆江南》以"青城好，泡菜冠全川，清脆姜芥夸一绝，芳甘乳酒比双贤，吾独取椒盘"赞美青城老泡菜。

泡菜坛

赵朴初

赵朴初，安徽太湖人，卓越的佛教领袖、杰出的书法家、著名的社会活动家和伟大的爱国主义者。他一生追求进步，探索真理，孜孜以求，矢志不移。

泡菜

泡菜，古称菹，是指为了长时间存放而经过发酵的蔬菜。泡菜含有丰富的维生素和钙、磷等无机物，既能为人体提供充足的营养，又能预防动脉硬化等疾病。

《齐民要术》

《齐民要术》由北魏时期贾思勰所著，是我国现存最完整的一部综合性农书。它系统地总结了6世纪以前黄河中下游地区农牧业生产经验、食品的加工与贮藏、野生植物的利用等，对中国古代农学的发展有重大影响。

青城泡菜

洞天乳酒

　　洞天乳酒，俗称"茅梨酒"。洞天乳酒是青城四绝之首，具有1200年的历史，以"果王"猕猴桃为主要原料，配以青城山特有矿泉水，根据道家传统方略精制酿造，封缸中，高糖保鲜，低酒发酵，再将其发酵的果汁与醪糟汁、冰糖和少许曲酒等辅料混合，酿制成乳酒。成品色如碧玉，浓似乳汁，果香浓郁，酒香优雅，鲜美醇和，五味（果、酸、甜、酒、香）俱佳，富含丰富的营养成分，医食同疗，味宿安宁。蜀中酿酒素有传统，经过道家文化千年浸润，正是今日名酿"青城八洞天乳酒"。"酒圣"杜甫赋诗颂扬"乳酒"："山瓶乳酒下青云，气味浓香幸见分。鸣鞭走马怜渔父，洗盏开尝对马军。"道教历来重视服食养生，道家认为"物以土为本，人以胃为先"，养生以饮食为重。

阴阳平衡

　　阴阳平衡，是生命活力的根本。阴阳平衡则人健康、有神；阴阳失衡人就会患病、早衰，甚至死亡。所以养生的宗旨是维系生命的阴阳平衡。

杜康

　　杜康，据民间传说和历史资料记载，杜康又名少康，夏朝人，是夏朝的第五位国王。杜康是中国粮食酿酒的鼻祖，后作为美酒代称。曹操《短歌行》有云："慨当以慷，忧思难忘。何以解忧，唯有杜康。"

青铜酒杯

杜甫

　　杜甫,字子美,自号少陵野老,巩县人,伟大的现实主义诗人。被世人尊为"诗圣"。由于经历了唐代由盛到衰的过程,他所写的诗更多的是对国家的忧虑及对老百姓的困难生活的同情,全方位反映了唐由盛至衰的过程,又被人称为"诗史"。

洞天乳酒

后山老腊肉

青城山

后山老腊肉是除"青城四绝"外另一种口碑极好的美食，其肉外观呈黑黄色，层次分明、肉皮金黄、具有光泽，瘦肉外观呈黑红色，切开呈玫瑰色，香味浓郁，入口清香，回味悠长，别具风味。青城山老腊肉，是具有代表性的传统风味肉制品和土特产馈赠珍品，历来深受中外游客的青睐。青城山老腊肉食用方法多样且方便，可蒸、炒、炖汤。若用温水稍作清洗，蒸（煮）20分钟左右，冷后切成片，再蒸热食用，味道更佳。

熏好的老腊肉，表里一致，煮熟切成片，透明发亮，色泽鲜艳，黄里透红，吃起来味道醇香，肥而不腻，瘦不塞牙，不仅风

老腊肉

味独特，而且具有开胃、去寒、消食等功能。后山老腊肉保持了色、香、味、形俱佳的特点，素有"一家煮肉百家香"的赞语。

腊肉

腊肉是指肉经腌制后再经过烘烤（或日光下曝晒）的过程所制成的加工品。腊肉的防腐能力强，能延长保存时间，并增添特有的风味，这是与咸肉的主要区别。

川菜博物馆

川菜博物馆，位于郫县古城镇，是世界唯一以菜系文化为陈列内容的主题博物馆，内分典藏馆、互动演示馆、品茗休闲馆、灶王祠、川菜原料加工工具展示区等。

中国八大菜系

中国八大菜系，鲁、川、苏、粤四大菜系形成历史较早，后来，浙、闽、湘、徽等地方菜也逐渐出名，于是形成了中国的"八大菜系"。

青 城 茶

贡茶院

　　相传，唐朝时，安禄山叛军打入京城，唐明皇带妃子慌忙朝成都逃跑。杨贵妃被逼处死后，唐明皇在梦中见到他心爱的妃子，在青城山献茶请他品尝，皇上见汤色碧绿，芽叶直立，清香扑鼻，茶水不浑不酽，闻到就觉得神清气爽，喝了周身有活气，连说好茶！梦醒后，叫随从找当地最好的茶农，连夜赶制这种茶，皇上封这种茶为青城茶！

　　据考证，早在唐代时青城已是有名的茶产区，并入贡。唐代茶圣陆羽曾在《茶经》中记有："青城县有散茶、贡茶"。青城不仅产茶历史悠久，而且茶叶花色品种也甚丰富。据五代毛文锡《茶谱》记载："青城，其横源、雀舌、鸟嘴、麦颗，盖取其嫩芽所造"。"青城茶"的特点是：茶叶小而嫩，其芽犹如"元出花", 品质极佳, 被列为封建王朝举行大典及统治者享用的"贡品", 故而被称为"青城贡茶"。

杨贵妃

杨玉环, 字太真, 蒲州永乐（今山西芮城）人。她与西施、王昭君、貂蝉并称为中国古代四大美女, 四大美女享有"闭月羞花之貌, 沉鱼落雁之容"。其中"羞花", 说的就是杨贵妃。

陆羽

陆羽, 字鸿渐, 汉族, 唐朝复州竟陵(今湖北天门) 人。他一生嗜茶, 精于茶道, 以著世界第一部茶叶专著——《茶经》闻名于世, 对中国茶业和世界茶业发展作出了卓越贡献, 被誉为"茶仙", 尊为"茶圣"。

毛文锡

毛文锡, 唐末五代时人, 字平珪, 南阳（今属河南）人。《花间集》中称他为毛司徒, 著有《前蜀纪事》、《茶谱》, 存词32首。

洞天贡茶

洞天贡茶，"青城四绝"之一，茶质优良，汁色清澈，茶香味醇。洞天贡茶，属于青城茶，产自青城山一带的绿茶。其茶一般于清明前后采摘，经过纯手工"枝枝过堂"的鲜叶杀青、初揉、炒二青、复揉、炒三青、做形、提毫、烘焙等工艺精制而成。茶叶成品外形肥壮，索卷均匀，嫩匀绿润，微卷曲；汤色碧绿明亮，滋味浓醇，回甘持久有余香。此茶以"青而不淡，浓而不涩，香而不艳，精而不俗"著称。

"天府之国"的四川，是我国传统的茶叶大省，自古出茶，出好茶，出名茶，也出好水。盆地周边的丘陵和山野，蜿蜒曲折的茶畦小径串联着一片片茶园。早就有"蜀土茶称圣"的美誉。青城山，更是以其山水之灵气，盛产贡茶，彰显了其独特优势。

青城山茶具唐代皇茶、宋代贡茶、清代贡茶的上乘品质而被世人所共赞。康熙曾有"蜀山青城之茶，其汤如玉、其味悠长，可列入贡品"的赞誉。

中国六大茶类

我国茶叶种类多，分为绿茶、青茶（乌龙茶）、红茶、黑茶、黄茶、白茶六大茶类。

茶道

中国十大名茶

中国十大名茶，包括西湖龙井、洞庭碧螺、黄山毛峰、庐山云雾茶、六安瓜片、君山银针、信阳毛尖、武夷岩茶、安溪铁观音、祁门红茶。

茶道

茶道就是通过品茶活动来表现一定的礼节、人品、意境、美学观点和精神思想的一种行为艺术。它是茶艺与精神的结合，并通过茶艺表现精神。茶道精神是茶文化的核心，是茶文化的灵魂。

洞天贡茶

作品中的青城山

　　说到文学作品中的青城山，就不得不提到那些文人们与青城山的联系。青城山与名人的关系可谓是有史可查、源远流长的。魏晋时期的医学家皇甫谧就曾长住青城山，著有《青城山记》，还有关于神仙隐逸的《高士传》和《玄晏春秋》；撰写我国现存

四川青城山

地方志的第一部完备之作《华阳国志》的史学家常璩也有为青城山作记；唐明皇李隆基、青莲居士李白、唐诗人岑参、钱起、贾岛等，都曾游居青城山，并留下了不少名句名篇。例如，唐代诗圣杜甫的《丈人山》："自为青城客，不唾青城地。为爱丈人山，丹梯近幽意。"这首诗看似直白，但却

意境悠远。青城山最大的特色，莫过于取法自然的各种"藤亭"（藤条编织的凉亭），进得青城山大门的第一个亭子，便是专为杜甫修建的雨亭。

叶圣陶

叶圣陶，原名叶绍钧，字圣陶，江苏苏州人，著名作家、教育家、编辑家、文学出版家和社会活动家。著有《稻草人》、《倪焕之》、《隔膜》等。

黄宾虹

黄宾虹，中国近现代美术史上开派巨匠，"千古以来第一的用墨大师"，安徽歙县人。他是20世纪传统中国国画（吴昌硕、齐白石、黄宾虹、潘天寿）四大家之一，有"再举新安画派大旗，终成一代宗师"之誉。

岑参

岑参，唐代诗人，荆州江陵（湖北江陵）人，是唐代著名的边塞诗人。其诗歌富有浪漫主义的特色，气势雄伟，想象丰富，色彩瑰丽，热情奔放，尤其擅长七言歌行。

图书在版编目（CIP）数据

青城山 / 董英芝编著. —— 长春：吉林出版集团股份有限公司，2013.1
（中华美好山川）
ISBN 978-7-5534-1392-1

Ⅰ．①青…　Ⅱ．①董…　Ⅲ．①青城山－介绍　Ⅳ．①K928.3

中国版本图书馆CIP数据核字(2012)第316558号

青城山
QING CHENG SHAN

编　　著	董英芝	
策　　划	刘　野	
责任编辑	林　丽	
封面设计	隋　超	
开　　本	680mm×940mm　1/16	
字　　数	42千	
印　　张	8	
版　　次	2013年1月第1版	
印　　次	2018年5月第3次印刷	

出　　版	吉林出版集团股份有限公司
发　　行	吉林出版集团股份有限公司
地　　址	长春市人民大街4646号
	邮编：130021
电　　话	总编办：0431-85618719
	发行科：0431-85618720
邮　　箱	SXWH00110@163.com
印　　刷	山东海德彩色印刷有限公司

书　　号	ISBN 978-7-5534-1392-1
定　　价	25.80元